外研社"卓越汉语·商务系列"

Excel in Chinese
Business Writing
卓越汉语·商务写作

上册

◎ 主编　周　红
◎ 编者　李劲荣　许　诺
　　　　周　红　周　虹

外语教学与研究出版社
FOREIGN LANGUAGE TEACHING AND RESEARCH PRESS
北京　BEIJING

图书在版编目 (CIP) 数据

卓越汉语. 商务写作. 上册 / 周红主编；李劲荣等编. —— 北京：外语教学与研究出版社，2018.12
（外研社"卓越汉语·商务系列"／周红主编）
ISBN 978-7-5213-0625-5

Ⅰ. ①卓… Ⅱ. ①周… ②李… Ⅲ. ①商务-汉语-写作-对外汉语教学-教材 Ⅳ. ①H195.4②F7

中国版本图书馆 CIP 数据核字 (2019) 第 010648 号

出 版 人　徐建忠
项目负责　汤梦焯
责任编辑　鞠　慧
责任校对　汤梦焯
封面设计　姚　军
出版发行　外语教学与研究出版社
社　　址　北京市西三环北路19号（100089）
网　　址　http://www.fltrp.com
印　　刷　北京虎彩文化传播有限公司
开　　本　889×1194　1/16
印　　张　13
字　　数　300千字
版　　次　2018年12月第1版　2018年12月第1次印刷
书　　号　ISBN 978-7-5213-0625-5
定　　价　68.00元

购书咨询：(010) 88819926　电子邮箱：club@fltrp.com
外研书店：https://waiyants.tmall.com
凡印刷、装订质量问题，请联系我社印制部
联系电话：(010) 61207896　电子邮箱：zhijian@fltrp.com
凡侵权、盗版书籍线索，请联系我社法律事务部
举报电话：(010) 88817519　电子邮箱：banquan@fltrp.com
物料号：306250001

前 言

《卓越汉语·商务写作》是上海财经大学国际文化交流学院面向外国人的汉语国际教育专业（商务汉语方向）采用的本科系列教材之一，也是上海财经大学"国际商务汉语教学与资源开发基地（上海）"的研究成果之一。全系列教材分为上、下两册。

一、适用对象

本系列教材适用于海内外中级或中级以上汉语学习者，包含：

1. 汉语国际教育专业（商务汉语方向）的本科生；
2. 商务汉语长、短期进修生；
3. 从事商务活动的企业界人士。

二、编写目的

1. 提高学习者的中文商务文书阅读与分析能力。帮助学习者正确地了解中文商务文书的写作规范与相关背景知识，准确地把握中文商务文书的写作思路与篇章结构。

2. 提高学习者的中文商务文书写作能力。帮助学习者掌握写作技巧，使学习者能够模仿例文写出格式正确、语言得体、结构合理的商务文书。

三、编写原则

1. 系统性。本系列教材所涵盖的中文商务文书范围较广，上、下两册书共有八个单元，涉及商务条据类文书、商务启告类文书、商务礼仪类文书、宣传推介类文书、企业事务类文书、商贸业务类文书、发展规划类文书、协议契约类文书等八类内容。上、下两册书各20课，上册主要学习前三类文书的写作，下册主要学习后五类文书的写作。上、下两册书在商务文书的安排上遵循循序渐进的原则，使学习者在掌握中文写作规范的基础上，进一步提高对商务文书的理解能力与创造性表达能力。

2. 实用性。每课内容框架清晰，商务情景明确。（1）知识讲练简明扼要，共有适用情景、文书框架、例文分析、综合训练与文书知识五个板块，便于学习者学习与总结。（2）例文选材以实用为原则，多渠道收集资料，选择在商务活动中真正能够用到的材料，难度、长度适宜。（3）重点词语与句子例解选择文书写作中最为常用的词语与句型，便于学习者把握。（4）综合训练着重培养学习者的篇章理解与表达能力，练习设计紧紧围绕所学文书与真实商务情景，有助于提高学习者的应用能力。

四、内容体例

1. 适用情景。说明在什么商务情景中使用某种特定的商务文书。
2. 文书框架。说明商务文书写作时的篇章结构。

3. 例文分析。每课大约选取两篇左右的例文。例文选自相关书籍、报刊、网络稿件等，经过改编而成。例文注重可读性与实用性。每篇例文都有背景介绍与篇章分析，前者主要介绍在什么背景下使用该例文，后者主要介绍例文的篇章结构。例文后一般附有两个部分：（1）词语。词语条目加注拼音、词性与汉英释义。（2）重点词语与句子例解。着重讲解词语或句型用法，并为每条内容提供两个左右相关文书中的例句。

4. 综合训练。（1）选词填空。帮助学习者正确理解句子、熟悉词语用法。（2）用书面语改写句子或用指定词语改写句子。帮助学习者掌握商务文书的书面表达规范。（3）完形填空。训练学习者的商务文书理解能力。（4）完成写作任务。提供具体的商务情景与写作要求，训练学习者的商务文书表达能力。

5. 文书知识。这部分在每一课的最后，与文书框架呼应，便于学习者总结和复习。

6. 书后附生词表和参考文献。

五、教学资源包

本系列教材附有教学资源包，包括：（1）课程介绍与教学进度表；（2）教学课件（包含教学课件编写说明）；（3）商务文书的例文资料；（4）教材中生词的例句；（5）单元自测题。教师可通过扫描图书封底的二维码或登录外研社国际汉语教学资源网（www.fltrp-clt.com）获取。

六、使用建议

1. 本系列教材的建议教学周期为两个学期，建议每周安排 4 学时进行教授。教师也可以选择部分内容作为汉语写作短期培训教材使用。

2. 生词学习应以商务活动中的常用词语为教学重点。

3. 可根据学习者的情况和课时安排有选择地讲解与讨论例文。

4. 建议重点讲解和学习每篇例文后的重点词语与句子例解部分。

5. 建议学习者尽可能完成课文中综合训练中的所有练习。

本系列教材的编写分工如下：周红撰写了第一单元、第二单元、第六单元、第七单元和第八单元，周虹撰写了第三单元，李劲荣撰写了第四单元，丁俊玲撰写了第五单元。许诺负责全书的教学课件制作，周红和周虹负责全书的商务文书例文资料、生词例句和单元自测题的编写。全书由周红负责统稿。

本系列教材的编写得到上海财经大学国际文化交流学院领导的大力支持，外语教学与研究出版社的编辑在教材的出版过程中付出了辛勤的劳动，在此表示衷心的感谢。上海财经大学 2017 级语言学及应用语言学专业硕士研究生李晨璐等 10 位同学参与了教材的整理工作。

本系列教材的例文来源在文中均有注明。我们根据教学需要对所选材料进行了一些删改。在此，谨对相关撰稿者及有关媒体一并致谢。

由于水平所限，书中难免有不妥之处，敬请指正！

编者
2018 年 9 月

目 录

第一单元　　／ 1

第 1 课　　条据 ／ 2
第 2 课　　通知 ／ 12
第 3 课　　启事 ／ 22
第 4 课　　声明 ／ 31

第二单元　　／ 41

第 5 课　　证明信 ／ 42
第 6 课　　介绍信 ／ 51
第 7 课　　推荐信 ／ 58
第 8 课　　求职信和个人简历 ／ 68
第 9 课　　竞聘词 ／ 80
第 10 课　　辞职信 ／ 89

第三单元　　／ 97

第 11 课　　聘书 ／ 98
第 12 课　　请柬和邀请信 ／ 105
第 13 课　　欢迎词和欢送词 ／ 114
第 14 课　　祝酒词 ／ 124
第 15 课　　答谢词 ／ 132
第 16 课　　开幕词和闭幕词 ／ 140
第 17 课　　贺信 ／ 149

第四单元　　／ 159

第 18 课　　感谢信 ／ 160
第 19 课　　道歉信 ／ 167
第 20 课　　建议信 ／ 174

附录 1　生词表 ／ 183
附录 2　参考文献 ／ 202

第一单元

条据
通知
启事
声明

第 1 课　条据

 **适用情景**

当单位或个人之间，为了证明一定事实、分清各方责任，在借到、收到、领到财物或发生其他往来关系需要制作证据性文件时，使用此类文书——条据。比如：

1. 当向个人或单位借取财物时，要给对方写借条。
2. 借了个人或单位的财物时，要给对方写欠条。
3. 在收到别人或单位的财物时，要给对方写收条。
4. 从单位领取财物时，要给负责发放人写领条。
5. 没有见到对方，但又有话要对对方说时，要给对方写留言条。

 **文书框架**

标　题

说明写作缘由
说明写给谁，以及具体事宜
此据

签名（手写）
日期或时间

 **例文分析**

 **例文（一）**

刘美兰因资金周转需要向吴华借了15万元钱。下面是借条。

借 条

借款人刘美兰现因资金周转需要，向贷款人吴华借款人民币壹拾伍万元整。借款种类为现金，借款日期为2018年5月8日，还款日期为2019年5月8日，按时一次性偿还借款加利息。借款利率为：0.5%（年利率），特立此据为凭。

借款人：_____（亲笔签名并按手印）
贷款人：_____（亲笔签名并按手印）
见证人：_____（亲笔签名并按手印）

2018年5月8日

讲明借财物原因，借谁的财物，财物数量，并交代归还时间。

 词语

1.	借款	jièkuǎn	动词	向别人借钱或借钱给别人。	loan; borrow money
2.	资金	zījīn	名词	指经营工商业的本钱；也指国家用于发展国民经济的物资或货币。	capital; fund; financing
3.	周转	zhōuzhuǎn	动词	企业的资金从投入生产到销售产品而收回货币再投入生产，这个过程一次又一次地重复进行，叫做周转；钱财进出或物品轮流使用。	turn over; have enough to meet the end
4.	贷款	dàikuǎn	动词	银行或其他信用机构借钱给机构或个人，借钱者须在一定期限内归还，并支付利息。	grant a loan; extend credit
5.	一次性	yícìxìng	形容词	只有一次，不重复的。	disposable
6.	偿还	chánghuán	动词	归还（所欠的债）。	repay; pay back
7.	利息	lìxī	名词	因存款、放款而得到的本金以外的钱（区别于"本金"）。	interest
8.	利率	lìlǜ	名词	利息和本金的比率。	interest rate
9.	见证	jiànzhèng	动词	亲眼看见可以作证。	witness

重点词语与句子例解

1. 借款人刘美兰现因资金周转需要，向贷款人吴华借款人民币壹拾伍万元整。

    条据中金钱要写明金额，必须用大写，以防涂改。数字1到10表示为：壹贰叁肆伍陆柒捌玖拾。

    整：用在数量词后，指数量全部在内，没有剩余，完整。例如：

    (1) 今收到便利店交来的七月房租陆仟元整。

    (2) 今借到李裕民先生人民币贰万伍仟元整，定于2020年9月30日前如数归还。

2. 借款利率为：0.5%（年利率），特立此据为凭。

    特：特别，专门。

    为：作为。

    凭：凭据。

例文（二）

东阳家具厂原定于2018年9月向红苹果贸易有限公司交货，然而因原材料短缺，不得不推迟其中五套实木家具的交货时间。为此，该厂写了一份欠条。

欠　条

红苹果贸易有限公司于2018年3月向我厂订购实木家具二十套。原定于2018年9月交货，兹因原材料短缺，现在先交送十五套，余下五套定于2018年10月30日交齐。因迟交所造成的经济损失，待货物交齐时，我厂愿按约负责赔偿。

此据。

东阳家具厂（盖章）

2018年8月20日

> 交代谁欠谁的钱物、欠的具体数量、计划交齐的时间。

（来源：文天谷，《财经应用文写作教程》，立信会计出版社，2002年，有改动。）

 词语

1.	短缺	duǎnquē	动词	缺乏；不足。	be short of
2.	赔偿	péicháng	动词	因自己的行为使他人或集体受到损失而给予补偿。	compensate
3.	此	cǐ	代词	这；这个。	this
4.	据	jù	介词	按照；依据。	according to; on the grounds of

 重点词语与句子例解

1. ……兹因原材料短缺，现在先交送十五套，余下五套定于 2018 年 10 月 30 日交齐。

    兹：现在。例如：

    (1) 因教学需要，兹向实验室借用设备二十台。

    (2) 兹收到金额为贰佰美元的支票一张，特此证明。

2. 此据。

    此：这；这个。

    据：按照；依据。

    "此据"常用于条据后表示凭证，也可以省略不写。

 例文（三）

王丽梅租了张晨的房子，月租两千元。现在王丽梅交来了三个月的房租，张晨给她写了下面这个收条。

收　条

　　今收到王丽梅交来三个月房租（2018 年 10 月至 2018 年 12 月），共计陆仟元整。

　　此据。

　　　　　　　　　　　　　收款人：张晨（手写）

　　　　　　　　　　　　　2018 年 10 月 1 日

讲明收到谁的钱物，并交代具体的钱物数量。

词语

1.	房租	fángzū	名词	出租或租用房屋的钱。	rent
2.	计	jì	动词	计算；总计。	count; add up to

重点词语与句子例解

今收到王丽梅交来三个月房租（2018年10月至2018年12月），共计陆仟元整。

今：今天，现在，或者指办理事情的那一天。如果是借条，就写"今借到"；如果是收条，就写"今收到"；领条则写"今领到"。例如：

(1) 今收到国美电器商场送来的空调两台。
(2) 今领到办公室发来的打印纸三包、饮用水两箱。

计：计算；总计。可以说"共计""总计"。例如：

(1) 学费伍仟元，住宿费壹仟贰佰元，共计陆仟贰佰元整。
(2) 今卖出白菜壹佰元，辣椒玖拾元，总计壹佰玖拾元整。

例文（四）

公司员工李一男因工作需要向公司申请了一台打印机和两包打印纸。下面是他去办公室领取这些物品时写的领条。

领　条

今领到公司办公室新发打印机一台、打印纸两包。

此据。

李一男

2018年10月20日

交代从何处领取，领取数量。

（来源：张小乐，《实用商务文书写作》，首都经济贸易大学出版社，2008年，有改动。）

词语

| 领取 | lǐngqǔ | 动词 | 取（多指经过一定手续）。 | collect |

 重点词语与句子例解

今领到公司办公室新发打印机一台、打印纸两包。

名词＋数量词：现代汉语在表示计数时一般采用"数量词＋名词"的语序，但在正式的书面语体，特别是在条据或文件中则采用"名词＋数量词"的语序。例如：
（1）今收到人事处还来的桌子二十张、椅子四十把。
（2）因办公需要，从公司领来电脑两台、打印机一台。

 例文（五）

资料室的王石要去销售部核对账目，大概一个小时就可以回来。于是他给要来领书的人写了一张留言条，告诉他们稍微等一下。

留言条

　　本人现正在销售部核对账目，约一小时即回。请领书者稍候！

王石
2018 年 5 月 22 日 14:00
（或：即日）

写明留条原因，并告知相关事项。

（来源：梅雨霖、梅薇薇，《商务文书·规范写作大全》，广西人民出版社，2008 年，有改动。）

 词语

| 1. | 留言 | liúyán | 动词 | 用书面形式等留下要说的话。 | leave a message |
| 2. | 核对 | héduì | 动词 | 审核查对。 | check |

3.	账目	zhàngmù	名词	账上记载的项目。	accounts
4.	约	yuē	副词	大概；差不多。	about
5.	即	jí	副词	就；立刻；马上。	immediately
6.	稍候	shāohòu	动词	稍微等候。	wait a moment
7.	即日	jírì	名词	当天。	this or that very day

重点词语与句子例解

1. 本人现正在销售部核对账目，约一小时即回。

   即：就；立刻；马上。例如：

   （1）今向财务处借到人民币叁仟元整，两天后即还。

   （2）我现在在机场，半小时后即到。

2. 即日

   当天。用在条据的落款处表示时间。

综合训练

一、选词填空。

周转	利息	贷款	兹	领取
共计	核对	约	即	稍候

1. 乙方因公司经营资金 _____ 需要，向甲方借款。
2. 因工作需要，从办公室 _____ A4打印纸一包、笔记本三本。
3. 乙方提供 _____ 的期限是两年。甲方2020年3月28日前将还清全部本息。
4. 本人现正在仓库 _____ 进货数量，二十分钟后即回，请稍候。
5. 今售给天天公司发动机五台，每台人民币壹仟元，_____ 伍仟元整。
6. 所有借款按月利率0.483%计算，每月 _____ 叁佰陆拾元整。
7. 我因有事去财务处一趟，请大家 _____ 。
8. 王经理在外面接待客户，_____ 一小时后回公司。

9. 因银行审核（shěnhé）需要，_____定于3月10号发放贷款。
10. 销售商欠款已如数归还，本月的工资大家明天_____可领取。

二、用书面语改写句子。

1. 现在从财务处借到了人民币3000元。

   _____

2. 今天我从办公室领到了一包打印纸。

   _____

3. 我现在正在销售部核对账目，差不多一小时就可以回来。

   _____

4. 30张桌子，每张80元，一共2400元。

   _____

5. 请领书的人稍微等一下。

   _____

三、完形填空。

借　条

　　__1__借到青苹果公司椅子三十把，以供会议使用，会后__2__还。此据。

李一男（手写）

2018年6月20日

收 条

今__3__到得力办公用品公司送来的打印机两台。

此据。

青苹果公司办公室（公章）
2018 年 5 月 15 日

欠 条

2018 年 3 月__4__谢菲人民币伍佰陆拾元整，今归还肆佰元整，尚欠壹佰陆拾元整，定于 2018 年 4 月 30 日还清。

　　__5__。

欠款人：顾江萍（签名盖章）
2018 年 3 月 15 日

四、完成写作任务。

● 任务一：

根据下面的材料写借条和收条。

> 李梅临时需要出差去深圳，于是向财务室申请借款 5000 元，并写了借条。半个月后，李梅出差回来，用差旅发票报销了其中的 3000 元，其余 2000 元用现金归还，为此财务室写了收条。

● 任务二：

根据下面的材料写一张领条。

> 端午节即将到来。作为公司的员工，李梅领到了公司免费发放的端午节礼品券 400 元。

● 任务三：

根据下面的材料写一张欠条。

> 李梅在今年3月向陈美借了人民币1500元，今天上午归还了陈美800元，还欠700元，李梅打算在今年4月底还清。

● 任务四：

根据下面的材料写留言条。

> 李梅急需一本《市场营销方案》，但今天要去见客户，没有时间去购买。而李梅的同屋张华下午会去新华书店。李梅给张华写一张留言条，请张华帮忙买一本回来。

文书知识

一、条据的篇章结构

1．标题。在条据的上方中间，一般要写上"收条""借条"等字样作为标题，说明是什么性质的条据。这样既简要地提示了内容，又便于归类保管。

2．正文。紧靠标题的下一行开头空两格书写正文。条据开头有较为固定的惯用语，一般为"今借到""今领到""今收到"等。

3．落款。条据的右下方应写上制条人姓名（如果是单位，除写明单位名称外，还应写明经办人姓名），然后再下移一行写明时间。

二、条据的写作要点

1．条据属于说明性文体，有四项要素，即写给谁、什么事、谁写的、什么时间写的，这四要素都要一一写清。

2．款项金额一般要用大写，款项金额后要加个"整"字。数字大写：壹（1）、贰（2）、叁（3）、肆（4）、伍（5）、陆（6）、柒（7）、捌（8）、玖（9）、拾（10）。

3．条据写成后，不得涂改。如果确实需涂改，那么出具个人或单位要在改动的地方签字或盖章，以示负责。

4．条据应该用蓝色或黑色笔书写，不能用红色笔或铅笔书写。

第 2 课　通知

当向特定对象告知或转达有关事项或文件，让他们知道或执行时，使用此类文书——通知。通知主要用于以下场合：

1．发布规章制度等文件。
2．用于上级机关指示下级机关如何开展工作。
3．用于任免和聘用干部。
4．用于处理日常工作中的事务性事宜。

> 通　知
>
> 被通知人的称谓：
> 　　说明发布通知的缘由
> 　　告知有关事项
> 　　表达要求或期望
>
> 　　　　　　　　　　　　　　　　　　　　　通知人
> 　　　　　　　　　　　　　　　　　　　　　日期

红苹果贸易有限公司打算录用赵晓华先生，于是人力资源部通知他前来报到，并告知有关情况。

录用通知

赵晓华先生：

一、对于您应聘公司总经理秘书职务一事，经公司慎重考虑决定予以录用。请于2018年12月3日（星期一）上午携带以下资料到公司人力资源部报到。

1. 居民身份证复印件
2. 个人资料卡
3. 体检表
4. 保证书及服务志愿书

二、按公司规定，新进员工必须先试用三个月，试用期间按约定月薪的80%支付薪水。

三、报到后，公司将为您做职前培训，让您了解公司的有关人事制度、福利制度、服务守则及其他注意事项，使您在公司工作期间顺利而愉快。如您有任何疑虑或困难，请与人力资源部联系。

特此通知。

红苹果贸易有限公司人力资源部
2018年11月23日

说明通知缘由。

告知报到要求。

告知对方报到后事宜。

（来源：白战锋，《企业文书写作范本·格式＋技巧＋范例》，经济管理出版社，2005年，有改动。）

 词语

1.	应聘	yìngpìn	动词	接受招聘。	apply for an advertised post
2.	慎重	shènzhòng	形容词	谨慎认真。	cautious; prudent
3.	录用	lùyòng	动词	收录（人员）；任用。	hire; employ
4.	携带	xiédài	动词	随身带着。	carry

5.	报到	bàodào	动词	向组织报告自己已经来到。	report for duty
6.	试用	shìyòng	动词	在正式使用前，先试一段时间，看是否合适。	try out
7.	支付	zhīfù	动词	付出（款项）。	pay
8.	福利	fúlì	名词	生活上的利益，特指对职工生活（食、宿、医疗等）的照顾。	welfare
9.	守则	shǒuzé	名词	共同遵守的规则。	regulations
10.	疑虑	yílǜ	名词	因怀疑而产生的顾虑。	doubts; misgivings

重点词语与句子例解

1. 对于您应聘公司总经理秘书职务一事，经公司慎重考虑决定予以录用。

   对于：针对某件事情，指出对象。

   一事：指前面提到的这件事。

   "对于……一事"是指"针对……这件事情"。例如：

   (1) 对于选择哪家单位承包工程一事，公司还没有做出最后的决定。

   (2) 对于您没能遵守合同约定一事，我们表示非常遗憾。

   经：经过。例如：

   (1) 经董事会研究，决定任命王大明先生为公司市场部经理。

   (2) 经我们调查，发现贵公司所承包的工程在建筑质量上存在较大的问题。

2. 如您有任何疑虑或困难，请与人力资源部联系。

   如：如果，假如。例如：

   (1) 如您因事不能参加此次会议，请提前三天通知我们。

   (2) 今后如有合适的机会，我们仍愿意与贵公司合作。

3. 特此通知。

   特：特别，专门。

   此：这件事，这里。

   "特此通知"是指专门为了某件事情而通知对方。用在通知的结尾部分。例如：

   (1) 明天下午三点召开全体员工大会，请大家准时参加。特此通知。

   (2) 现将本公司的日常管理条例转发给你们，请严格遵守并执行。特此通知。

📚 例文（二）

第二届城市与工业安全国际会议将在南京举行，众多海内外人士将参加这次会议。下面是组委会发出的会议通知。

会议通知

尊敬的各位与会者：

你们好！欢迎您参加第二届城市与工业安全国际会议。现将此次会议的有关事项通知如下：   *通知事由，表示欢迎。*

一、会议时间：2017年11月3日—11月5日

二、会议地点：南京市中心大酒店

    （地址：南京市中山路××号）   *告知与会者参加会议的有关事项。*

三、住宿：住宿费自理

    1. 住宿地点：南京市中心大酒店。

    2. 住宿标准：标准间（2人）400元/间/天；单人间（1人）300元/间/天。由于房间紧张，请务必提供住宿信息，以便预订安排。

四、注册费：人民币800元（含会议资料费、餐饮费等），注册费可于10月15日前汇至会议秘书处，亦可到会时再交纳。

五、会议议程：

    11月3日 全天报到

    11月4日 大会开幕式及主题发言

    11月5日 大会交流，每位发言者限10分钟

会议提供投影仪及笔记本电脑，请发言者自行准备发言材料。

为便于会议组织，请有意参会者于10月15日前发送参会回执（见附件）给秘书处。期待您的到来！

会议秘书处联系方式：   *告知具体联系方式。*

联系人：×××　　电子邮件：×××××

地址：×××××　　邮编：×××××

电话：×××××　　传真：×××××

开户行：×××××　　开户单位：×××××

账号：×××××

第二届城市与工业安全国际会议组织委员会
2017年8月8日

参会回执			
姓名		性别	
工作单位		通信地址	
联系电话及邮箱		住宿信息	
是否发言		发言题目	
发言摘要（限300字）			

 词语

1.	事项	shìxiàng	名词	事情的项目。	item
2.	自理	zìlǐ	动词	自己承担。	provide for oneself
3.	务必	wùbì	副词	必须；一定要。	be sure to; must
4.	以便	yǐbiàn	连词	用在后一句的开头，表示使下文所说的目的容易实现。	so as to
5.	预订	yùdìng	动词	预先订购。	book; order; reserve
6.	亦	yì	副词	也（表示同样）；也是。	also
7.	交纳	jiāonà	动词	向政府或公共团体交付规定数额的金钱或实物。	pay (to the state or an organization)

8.	议程	yìchéng	名词	会议上议题或议案讨论的程序。	agenda
9.	开幕	kāimù	动词	（会议、运动会、展览会等）开始。	(of a meeting, sport, exhibition, etc) begin
10.	主题	zhǔtí	名词	谈话、文件、会议等的主要内容。	topic; theme
11.	自行	zìxíng	副词	自己（做）。	by oneself
12.	有意	yǒuyì	动词	有做某事的愿望。	have a mind to
13.	回执	huízhí	名词	会议通知或邀请函所附的填写后寄回寄件人的部分，内容包括能否应邀出席等。	a short note acknowledging receipt of sth.
14.	附件	fùjiàn	名词	随同主文件一起制定的文件。	enclosure
15.	期待	qīdài	动词	期望；等待。	expect

重点词语与句子例解

1. 现将此次会议的有关事项通知如下：

   现：现在。将：把。

   如下：如同下面所叙述或列举的。例如：

   （1）很高兴您顺利通过了面试并被本公司录用。现将报到的有关事项通知如下：

   （2）为了总结经验，分析问题，做好今年的销售工作，经研究决定召开销售工作会议。现将有关事项通知如下：

2. 由于房间紧张，请务必提供住宿信息，以便预订安排。

   以便：用在后一分句的开头，表示前面所说的内容为的是容易实现下文所说的目的。例如：

   （1）请与会者听从会务组的安排，以便会议能顺利举行。

   （2）我们还需与贵公司签订一份附加合同，以便保证工程质量。

3. 为便于会议组织，请有意参会者于10月15日前发送参会回执（见附件）给秘书处。

   为……：为了达到某种目的。用在前一分句的开头。例如：

   （1）为使会议顺利举行，请与会者听从会务组的安排。

   （2）为保证工程质量，我们还需与贵公司签订一份附加合同。

一、选词填空。

录用	携带	试用	交纳	期待
事项	自理	务必	有意	自行

1. 欢迎您参加此次家电产品展销会。食宿免费，交通费 _____ 。
2. 由于您在面试中表现出色，所以我公司决定 _____ 您。
3. 会议在明天早上八点开始，会议内容非常重要，请大家 _____ 准时参加。
4. 由于最近宾馆非常紧张，会议不能为您安排住宿，请与会者 _____ 解决。
5. 能与贵公司合作，这是我们非常 _____ 的。
6. 报到时，请 _____ 身份证、毕业证等有关材料。
7. 非会员的培训费用请于5月10日前到人才培训中心 _____ 。
8. 欢迎大家参加此次会议，请注意会议的有关 _____ 。
9. 您购买这种产品后可以 _____ 半个月，如有质量问题可以退货。
10. 会议将于10月10日在北京举行，_____ 参加者请提前通知我们。

二、用书面语改写句子。

1. 您上周应聘了我们公司总经理秘书职务，公司经过认真考虑，决定录用您。

   _____

2. 如果您有什么问题的话，什么时候跟我们联系都可以。

   _____

3. 各位参加会议的人员一定要早一些提供住宿信息，从而方便预订安排。

   _____

4. 欢迎您加入我们的团队。下面把有关的事情告诉您。

   _____

5. 为了方便我们组织会议，请来参加会议的人提前告诉秘书处。

   _____

三、完形填空。

员工录用通知

尊敬的王华先生：

　　很高兴邀请您___1___我们的团体。

　　___2___我们所讨论过的，您的这份工作将视实际状况随时有出差的需要，出差费用将依照相关规章制度办理。

　　员工到职后的前三个月均为___3___期。公司会在这段时间对您的工作表现进行评估。工作满30天后，部门经理将与您会谈，沟通您工作的适应程度。

　　公司在暑期安排了培训课程。如果您有特殊需要，请___4___在3月28日之前与我们联系，我们会尽可能依照您的意愿来排定您上课的时间。

　　___5___能够早日与您共事。再一次欢迎您加入公司！

红苹果贸易有限公司
2018 年 3 月 15 日

（来源：柯琳娟，《企业（公司）常用文书写作格式与范本》，企业管理出版社，2006 年，有改动。）

四、完成写作任务。

● 任务一：

请根据下面的要求写一份录用通知书。

　　张先生上星期前来应聘红苹果贸易有限公司销售部经理一职。现在公司经过认真研究，决定录用张先生。王一梅是人力资源部秘书，她给张先生写了一份录用通知书。

　　录用通知书包含以下信息：(1) 6月25日之前来公司人力资源部报到。(2) 报到时需要携带有关材料：身份证及复印件、学位证书及复印件、体检表、一寸照片。(3) 若届时不能前来报到，一定要提前一个星期通知公司。

● 任务二：

请根据下面的要求写一份会议通知。

> 　　红苹果贸易有限公司打算举办第八届全国空调产品展销会。张达伟是办公室主任，他写了一份会议通知。会议通知包含时间、地点、住宿安排、注册费、会议议程、联系方式等。

文书知识

一、通知的含义

通知，就是用书面形式告诉对方某件事情。它具有传达、要求相关组织或个人周知、办理、执行某些事项或任免某些人员的作用。

二、通知的篇章结构

1．标题。完整的标题由发文单位、事由和文种三部分构成；也可以由事由和文种两部分组成；最简单的形式只用"通知"一词即可。

2．称谓。主送单位的称谓一般应放在正文的上方，顶格写。主送单位即被告知的单位或个人。多个主送单位时，一般需要一一列举。

3．正文。

（1）开头部分交代通知缘由或根据。通知缘由主要写通知事项的原因、依据、目的、意义等。常用"为了……""根据……""按照……""由于……""经……批准""鉴于……"等句式作为开头。然后用"现将有关事项通知如下""特做如下通知""通知如下"等语句引起下文。

（2）主体部分主要说明所通知的事项。通知事项的表述要简明扼要，如果内容比较复杂，通常采用分条列项的写法，使行文条理清楚，主次表达分明。

（3）结语提出执行要求或表达某种期望。通知的结语通常是提出执行要求、注意事项等。习惯用语是"特此通知""以上通知，望遵照执行""请认真研究贯彻"等。结语不是通知写作的必要要素，因此有的通知可以不写结语。

4．落款。发文单位和发文时间，在正文右下方。

三、通知的写作要点

1. 内容表达要明确。发布通知的目的是让个人或相关部门执行或知晓，因此通知的内容在表达上要具体明确，以便个人或相关部门能更好地理解和执行。

2. 语言表达要得当。通知具有指示和告知的双重作用，因此，不同的通知在语言表达上有不同的要求。如指示性通知的语言要明确而严肃，告知性通知的语言要具体而全面。

第 3 课　启事

当企业或个人需要向公众说明某事或希望公众协助办理某事时，使用此类文书——启事。比如：

1．企业开始营业前告知社会各界时，使用开业启事。
2．企业需要向社会招聘人才时，使用招聘启事。
3．要吸引资金、合作伙伴或开发商时，使用招商启事。

文书框架

```
                    启　　事

    说明启事缘由
    说明具体事项
    提出相关要求
    写明联系方式

                                        单位名称
                                          日期
```

例文分析

味美特卤菜坊是一家餐饮店，打算在 2018 年 6 月 16 日开业。下面是这家餐饮店的开业启事。

开业启事

味美特卤菜坊定于2018年6月16日（星期六）正式营业。本店经营传统卤菜，价位实惠、品种丰富。开业期间，消费满50元者给予八折优惠。本次优惠活动从6月16日起至6月26日止。热忱欢迎您的光临！

地址：北京市朝外大街××号

电话：010-××××××××

味美特卤菜坊

2018年6月12日

> 交代开业时间。
> 介绍经营范围、开业期间的优惠。
> 期待光临。
> 交代联系方式。

词语

1.	开业	kāiyè	动词	商业、企业等开始进行业务活动。	start business
2.	启事	qǐshì	名词	为了说明某事而登载在媒体上或张贴在墙壁上的文字。	notice; announcement
3.	正式	zhèngshì	形容词	符合公认标准的或一定手续的。	formal
4.	营业	yíngyè	动词	（商业、服务业等）经营业务。	do business
5.	经营	jīngyíng	动词	筹划、组织并管理。	manage; operate; run
6.	卤菜	lǔcài	名词	用盐水或酱油调和香料煮制的菜肴。	pot-stewed dish
7.	实惠	shíhuì	形容词	有实际的好处。	substantial; practical
8.	优惠	yōuhuì	形容词	较一般优厚实惠。	favourable
9.	热忱	rèchén	名词	热情。	enthusiasm

重点词语与句子例解

1. 味美特卤菜坊定于 2018 年 6 月 16 日（星期六）正式营业。

定：决定，确定。

于：在。"定于"后跟表具体时间的词语。例如：

（1）我公司定于 12 月 11 日下午 14:30 在安中楼 601 召开招聘宣讲会，望有兴趣者届时参加。

（2）本书店装修已毕，定于本月 25 日上午 8 时正式开业接待读者。

2. 本次优惠活动从 6 月 16 日起至 6 月 26 日止。

"起"是开始，"止"是结束。从……起至……止：从某一个时间开始到另一个时间结束。例如：

（1）欢迎前来报名，报名时间从即日起至六月三十日止。

（2）为庆祝开业，从即日起至本月十号全场八折优惠。欢迎光顾！

例文（二）

青岛三友有限公司因业务发展需要，打算招聘 6 名销售员。下面是该公司的招聘启事。

招聘启事

随着公司业务不断扩大，本公司现诚聘销售员 6 名。

一、应聘条件。本科及以上学历，年龄 20—28 周岁，相貌好，气质佳，口头表达能力强。市场营销类专业优先。 ← 交代招聘原因。说明招聘条件、职位待遇和应聘方法等。

二、聘用待遇。待遇面议。试用期为三个月，正式聘任后待遇从优。

三、应聘方法。应聘人员请持简历、身份证、学历证明和一寸照片到公司人力资源部报名。

时间：2016 年 5 月 12 日上午 8:30—11:30，下午 2:00—5:00

联系人：××

电话：0532-××××××× ← 交代联系方式。

青岛三友有限公司
2018 年 4 月 30 日

词语

1. 　　zhāopìn　　动词　　用公告的方式聘请。　　invite applications for a job

2.	气质	qìzhì	名词	风格；气度。	temperament
3.	优先	yōuxiān	动词	在待遇上占先。	have priority; take precedence
4.	从优	cóngyōu	动词	采取优待的办法；给予优惠。	give preferential treatment
5.	持	chí	动词	拿着；握着。	hold; grasp

重点词语与句子例解

试用期为三个月，正式聘任后工资待遇从优。

从优：给予优待。例如：

（1）本公司欲招聘销售员数名，待遇从优。

（2）本商场从即日起大量供应各式手机，价格从优。

例文（三）

江苏虎豹集团是一家大型服装生产企业，生产的服装深受消费者欢迎。该集团在河南省设立了唯一的一家直属分公司——虎豹集团郑州分公司，分公司为了扩大虎豹服装在河南省的销售量，决定邀请相关经营者加盟。下面是该分公司的招商启事。

招商启事

江苏虎豹集团是国家大型服装生产企业，创建于1989年。虎豹牌衬衫、西服、西裤、内衣、夹克等系列服装荣获"中国驰名商标""国家免检产品"及"中国十大名牌"等称号。其卓越的品质，赢得了广大消费者的青睐，已在全国设立了15家分公司。 —— 介绍招商单位基本情况。

虎豹集团郑州分公司是虎豹集团公司在河南省设立的唯一一家直属分公司。为全面扩大虎豹系列服装在河南省的销售量，满足广大消费者的购买需求，郑州分公司决定在河南省诚招专营虎豹系列服饰的经营者。 —— 交代招商目的。

凡具备良好信誉和有一定经济实力者，均可前来洽谈合作事宜。双方将按照公司统一的合作标准，共享拓展市场的成果。 —— 提出招商要求。

江苏虎豹集团公司郑州分公司
分公司地址：郑州市郑密路××号
联系人：×××
联系电话：0371-××××××××
2018年2月15日

—— 交代联系方式。

 词语

1.	系列	xìliè	名词	相关联的成组成套的事物。	series
2.	驰名	chímíng	动词	声名传播很远。	be well-known
3.	商标	shāngbiāo	名词	企业用以区别于其他企业产品或服务的标志。	trademark; brand name
4.	免检	miǎnjiǎn	动词	允许不经过检查就可以通过。	be exempt from inspection
5.	卓越	zhuóyuè	形容词	非常优秀，超出一般。	outstanding
6.	赢得	yíngdé	动词	博得；取得。	win; gain
7.	青睐	qīnglài	动词	用正眼相看，指喜爱或重视。	show appreciation
8.	直属	zhíshǔ	形容词	直接统属的。	be directly affiliated to
9.	诚	chéng	形容词	（心意）真实。	sincere
10.	信誉	xìnyù	名词	信用和声誉。	prestige; reputation
11.	洽谈	qiàtán	动词	接洽商谈。	negotiate
12.	事宜	shìyí	名词	关于事情的安排和处理。	matters concerned

重点词语与句子例解

1. 虎豹牌衬衫、西服、西裤、内衣、夹克等系列服装荣获"中国驰名商标""国家免检产品"及"中国十大名牌"等称号。

   荣获：光荣地获得。常指得到某种荣誉或称号。例如：
   (1) 本市有八家企业荣获"中国2017年百强企业"称号。
   (2) 经过多年的努力，公司生产的电视机荣获"中国最具影响力的电器品牌"称号。

2. ……郑州分公司决定在河南省诚招专营虎豹系列服饰的经营者。

   诚：（心意）真实。后面常跟单音节动词。例如：
   (1) 为推动公司的快速发展，我们诚邀海内外各类人才加盟。
   (2) 因业务发展需要，本公司特向社会公开诚聘专业管理人员数名。

3. 凡具备良好信誉和有一定经济实力者,均可前来洽谈合作事宜。

凡:凡是,所有。常用为"凡……者"或"凡……的人"。均:都。"凡"常与"均""都"连用。例如:

(1) 凡符合招聘条件的人员均可通过电子邮件方式报名,报名时间截至 2018 年 2 月 5 日 17 时(以收到有关材料为准)。

(2) 凡参加者均视为已确认并遵守征稿启事的各项规定。

综合训练

一、选词填空。

热忱	正式	优惠	系列	卓越
青睐	信誉	诚	洽谈	从优

1. 为答谢新老顾客,周末本商场将举行 _____ 活动,全场满 200 减 50。
2. 本书店规模虽小,但藏书丰富,将于本月 20 日开业。_____ 欢迎您的光顾!
3. 本公司服务至上的理念赢得了广大顾客的 _____。
4. 广州花城制药厂是一家有四十多年生产历史的老字号制药企业,产品质量好,企业 _____ 高。
5. 凡符合经营条件者,均可前来 _____ 合作事宜。
6. 我公司大量招聘销售人员,一经 _____ 录用,待遇从优。
7. 今年我公司将推出洗碗机、干燥柜等小家电 _____ 产品。
8. 本公司招聘员工,实习期为三个月,一经正式录用,待遇 _____。
9. 本公司生产了一种新型的电视机,其 _____ 的品质得到了广大消费者的认可。
10. 为拓展公司业务,本公司即日起 _____ 聘全国各地人才加盟。

二、用书面语改写句子。

1. 从今天起开始报名,到这个月底结束。

   _____

2. 试用三个月时间,正式聘任以后待遇非常好。

   _____

3. 因为业务发展很快，所以我们公司要招聘很多销售人员。
   _____

4. 只要是大学毕业，并且有三年工作经验的人，都可以报名。
   _____

5. 只要一次购买商品三件以上，价格可以便宜。
   _____

三、完形填空。

招聘启事

　　我公司系经有关部门批准、登记注册的独立法人企业，主要业务是房地产开发和商品楼房销售。现__1__业务发展，需要招聘一批工程专业技术人才，待遇__2__。

　　招聘人才及条件：(1) 建筑设计师2名（中级以上职称）；(2) 土建工程师3名（中级以上职称）。上述人才，除特殊情况外，年龄均不超过50岁。

　　有意应聘者请__3__身份证及有关证明材料来我公司洽谈。洽谈日期：即日__4__至2018年12月4日__5__。

　　联系人：××
　　联系地址：上海市天山路×××号
　　联系电话：021-××××××××

上海市中原房地产公司
2018年11月20日

四、完成写作任务。

● 任务一：

请根据下面的要求写一份开业启事。

求知书屋定于 2018 年 3 月 20 日上午 9 时正式开业接待读者。为庆贺开业，5 天内所有书籍均按八折优惠销售。你是书屋负责人，请写一份开业启事。

● 任务二：

请根据下面的要求写一份招聘启事。

因业务发展迅速，美华电器公司需要招聘一名财务主管。具体的招聘条件是：本科及以上学历，熟悉计算机操作，有良好的英语表达能力，有企业管理工作经验。你是人力资源部秘书刘雪莹，请你为公司写一份招聘启事。

● 任务三：

请根据下面的要求写一份招商启事。

时尚美食城位于上海市商业区的中心地段，周边商业环境非常成熟，众多大型商场、超市、商务中心等都汇聚于此。时尚美食城的定位是为消费者提供健康、时尚的中式快餐，经营品种主要是富有地方特色的各类小吃，深受顾客青睐。为了进一步扩大影响，美食城向国内诚招餐饮店加盟，加盟条件为：(1) 认同时尚美食城的经营理念；(2) 可投入一定的资金；(3) 能供应具有浓郁地方特色的小吃。你是时尚美食城经理助理谭伟，请你为时尚美食城写一份招商启事。

文书知识

一、启事的含义

启事是单位或个人需要向公众说明某事或希望公众协助办理某事时使用的一种事务文书。启事的本意是公开陈述事情。"启"即叙说、陈述，"事"即事情。

启事可分为三大类：

1. 征招类启事。包括招聘、招工、招领、征稿等启事。

2．公告类启事。包括迁移、更名、更期、开业、停业等启事。

3．寻找类启事。包括寻人、寻物等启事。

二、启事的篇章结构

1．标题。启事的标题可以有多种写法。一是以文种作标题，如"启事""紧急启事"；二是以事由作标题，如"招聘"；三是以启事单位和文种作标题，如"大唐公司启事"；四是以事由和文种作标题，如"招聘启事"；五是由启事单位、事由、文种构成标题，如"布丁宾馆开业启事"等。

2．正文。具体说明启事的内容，将有关事项交代清楚。一般包含启事目的、原因、具体事项、要求等。如果内容较多，可分条列项，逐一交代明白。

（1）开业启事

用于新企业或新项目建成后，在开始营业前，向社会各界告知开张消息。正文一般包括三项内容：一是开业企业名称、批准单位、开业时间、业务经营范围、规模等；二是对客户、顾客的希望；三是有关联系事宜，包括开业企业的地址、电话等。开业启事的目的是吸引客户，写作时要突出企业实力、业务内容、经营特点及有利条件等。

（2）招聘启事

用于招聘专业人才。招聘启事可以在报刊登载，也可在电视台、广播电台播放。正文主要包括用人单位、部门、业务、目的、招聘对象、招聘条件、待遇、联系办法、联系时间等内容。

（3）招商启事

用于介绍企业以吸引资金或开发商。正文一般包括三项内容：一是招商地区或单位的基本情况，如地理位置、规模、经营范围等；二是招商对象的具体要求，如地理方面、技术、资金、未来合作等；三是具体的招商方式以及可给予的优惠政策等。优惠政策要认真研究，一经公布，必须兑现，否则会失去信誉。

3．落款。写明启事单位名称或个人姓名，以及启事日期。如果标题或正文中已写明单位名称，此处可以省略。凡以单位的名义张贴的启事，应加盖公章，以示是单位行为。

三、启事的写作要点

1．标题要简短、醒目。

2．内容要严密、完整，不遗漏应启之事。联系方式等要交代清楚。

3．文字要通俗、简洁、集中，态度要庄重，用语要热情、恳切。

第4课　声明

适用情景

当部门或企业对于某一事件做出反应，需要公开表明自己的立场、态度时，使用此类文书——声明。声明主要用于以下场合：

1. 当遗失了某些重要证件（如支票、证件或文件）时，为了防止他人冒领冒用，需要发表遗失声明。
2. 当单位要停止使用一些名称、商标或公章等时，需要发表注销声明。
3. 为了维护自己的合法权益，引起公众关注，需要发表维权声明要求侵权方停止其侵害行为，或需要发表授权声明明确生产或销售等业务责任人。

文书框架

声　明

说明发表声明的原因
表明对有关事件的立场和态度
特此声明

单位名称
日期

例文分析

例文（一）

红苹果贸易有限公司遗失了一张中国工商银行的支票，因此要声明这张支票作废。

遗失声明

　　我公司于 2018 年 5 月 18 日遗失中国工商银行支票一张，号码为 265433，特声明作废。

红苹果贸易有限公司
2018 年 5 月 18 日

写明声明原因和内容。

 词语

1.	遗失	yíshī	动词	由于疏忽而失掉（东西）。	lose
2.	作废	zuòfèi	动词	因失效而废弃。	become invalid

 例文（二）

蓝天有限责任公司要申请公司注销，因此在报纸上发表注销声明。

注销声明

　　蓝天有限责任公司，注册号 6101012413484，经董事会决议，即日起注销，请相关债权人和债务人于见报之日起 45 日内前来公司办理相关手续。

　　特此声明。

蓝天有限责任公司
2018 年 9 月 7 日

写明声明原因和内容。

 词语

1.	注销	zhùxiāo	动词	取消登记过的事项。	cancel; write off
2.	决议	juéyì	名词	经会议讨论通过的决定。	resolution
3.	债权	zhàiquán	名词	依法要求债务人偿还钱财和履行一定行为的权利。	creditor's rights

| 4. | 债务 | zhàiwù | 名词 | 所欠的债。 | debt |

重点词语与句子例解

特此声明。
用在一则声明的最后，表示特意为了这类情况发表声明。

例文（三）

近来，华伦服饰公司发现一些单位或个人假借该公司名义进行非法经营活动，这不但影响了该公司的声誉，也给该公司和消费者造成了经济损失。为了维护公司的声誉和消费者的权益，该公司发表了以下声明。

维权声明

近日，本公司接连发现一些单位或个人冒用本公司名义，盗用本公司空白合同和信笺，伪造本公司公章和业务员签名，进行非法经营活动，严重影响了本公司的声誉和正常经营，也给本公司和一些客户造成了不可挽回的经济损失。在此，本公司严正声明：

一、任何假借本公司及各子公司名义从事不法经营活动的单位和个人必须立即停止其侵权行为。

二、对任何假借本公司及各子公司名义从事不法经营活动的单位和个人，本公司将依法追究其法律责任。

三、凡假借本公司及各子公司名义的单位和个人，其从事不法经营活动所产生的经济损失和法律后果，本公司及各子公司一律不予承担。

四、与本公司及各子公司联系业务的单位和个人，请务必通过正常渠道直接联系，以防上当受骗。

华伦服饰公司
2018年6月11日

说明发表此声明的原因。

表明对这件事的立场和态度。

（来源：苗瑞，《企业应用文书写作·规范与实例》，中国电力出版社，2006年，有改动。）

词语

1.	维权	wéiquán	动词	维护合法权益。	safeguard legal rights
2.	声明	shēngmíng	名词	声名的文告。	declaration
3.	冒用	màoyòng	动词	假冒别人的名义使用。	fraudulent use of
4.	名义	míngyì	名词	做某事时用来作为依据的名称或称号。	name
5.	盗用	dàoyòng	动词	非法使用（公家或别人的名义、财务等）。	falsely use
6.	信笺	xìnjiān	名词	信纸。	letter paper
7.	伪造	wěizào	动词	假造	forge
8.	公章	gōngzhāng	名词	机关、团体等使用的印章。	official seal
9.	非法	fēifǎ	形容词	不合法的。	illegal; unlawful
10.	声誉	shēngyù	名词	声望名誉。	reputation
12.	挽回	wǎnhuí	动词	收回。	retrieve; redeem
13.	严正	yánzhèng	形容词	严肃正当；严肃公正。	solemn and just
14.	假借	jiǎjiè	动词	利用某种名义、力量等来达到目的。	make use of
15.	不法	bùfǎ	形容词	违犯法律的。	illegal
16.	侵权	qīnquán	动词	侵犯损害他人的合法权利。	infringe on one's rights
17.	依法	yīfǎ	副词	根据法律。	in accordance with the law
18.	追究	zhuījiū	动词	追查（原因、责任）等。	look into; find out
19.	一律	yílǜ	副词	适用于全体，无例外。	all; without exception
20.	不予	bùyǔ	动词	不给予，不加以。	refuse to give
21.	务	wù	副词	一定要；必须。	must
22.	渠道	qúdào	名词	门路；途径。	avenue; means; channel
23.	受骗	shòupiàn	动词	被骗。	be cheated/deceived

重点词语与句子例解

1. 近日，本公司接连发现一些单位或个人冒用本公司名义，盗用本公司空白合同和信笺，伪造本公司公章和业务员签名，进行非法经营活动……

   名义：做某事时用来作为依据的名称或称号。例如：

   (1) 任何假冒他人名义的商业行为都是侵权行为。

   (2) 员工个人不能以公司的名义进行任何商业活动。

2. 在此，本公司严正声明：

   在此：在这里。因为前面出现了某种情况，所以在这里要做某件事情。例如：

   (1) 本次活动得到了很多单位的支持，在此向他们表示衷心的感谢。

   (2) 由于市场上近期出现了较多假冒产品，在此，本公司特发表如下声明。

3. 任何假借本公司及各子公司名义从事不法经营活动的单位和个人必须立即停止其侵权行为。

   不法：违犯法律的。可以是某种行为，也可以是某些人。例如：

   (1) 最近，收到众多消费者举报，有不法机构和个人冒用美尔公司的名义欺骗消费者，给消费者造成严重的经济损失，同时对美尔公司也构成了严重的侵权行为。

   (2) 一段时期以来，社会上出现了一些盗用美美公司名义歪曲事实进行虚假宣传的不法行为，这些行为不仅误导了消费者，更严重损害了美美公司的良好声誉以及美美公司、美美公司经销商和广大消费者的利益。

   其：他（们）、她（们）、它（们），指代前面所提到的人或事物。例如：

   (1) 任何未经本网站授权而发布的新闻，其内容的真实性难以保证。

   (2) 侵犯我公司合法权益的相关人员或机构，应立即停止制造、销售仿冒产品，我公司保留追究其法律责任的权利。

4. 凡假借本公司及各子公司名义的单位和个人，其从事不法经营活动所产生的经济损失和法律后果，本公司及各子公司一律不予承担。

   不予：不加以，不给以。后跟双音节动词。例如：

   (1) 鉴于天达公司破坏合作惯例，我方对其品牌宣传不予提供任何支持。

   (2) 对以山东省电信公司长话事业部名义签署的任何协议及由此产生的一切后果，山东省电信公司不予承担任何责任。

5. 与本公司及各子公司联系业务的单位和个人，请务必通过正常渠道直接联系，以防上当受骗。

以防：为了防止。指前面某种做法的目的是为了防止后面某种情况的出现。例如：

（1）上述产品请消费者到指定的网站购买，以防假冒。

（2）针对市场上出现的假冒产品，现将几款造假率极高的型号公布如下，希望广大消费者提高警惕，以防上当受骗。

例文（四）

为了维护消费者的合法权益，小黄鸭热水器公司授权美和公司销售其生产的"小黄鸭"牌热水器产品。下面是该公司的授权声明。

授权声明

　　为了更好地维护消费者的合法权益，本公司郑重声明，本公司只委托美和公司为"小黄鸭"牌热水器总经销商，其他公司及个人均无权销售小黄鸭产品，敬请消费者到授权公司购买小黄鸭产品。已在非授权单位购买产品的请尽快到原销售店铺办理退单手续，否则均不享受质量保证及售后服务。如有疑问请致电××××-×××××××× 咨询。

　　特此声明。

小黄鸭热水器公司

2018 年 5 月 28 日

声明的缘由及内容。

表明立场。

词语

1.	授权	shòuquán	动词	把权力委托给他人或机构代为执行。	authorize
2.	维护	wéihù	动词	维持保护，使免于遭受破坏。	maintain; safeguard
3.	权益	quányì	名词	应该享受的不容侵犯的权利。	rights and interests
4.	郑重	zhèngzhòng	形容词	严肃认真。	serious; solemn
5.	委托	wěituō	动词	请人或机构等代办。	entrust

一、选词填空。

声明	名义	伪造	挽回	不法
不予	追究	权益	郑重	作废

1. 郑州金辉旅行社不慎遗失收据（号码0065693-0065700），特此声明_____。
2. 凡假借本公司_____欺骗消费者的，本公司将依法追究其责任。
3. 针对那些从事_____经营活动的公司，我们将依法处理。
4. 我们要严厉打击_____本公司公章以及签名的不法活动。
5. 本公司_____声明：对冒用我公司名称和商标的非法厂商追究其法律责任，并对举报者给予奖励。
6. 对于上述种种行为，我社郑重声明：对于假冒者从事的一切活动所产生的后果，我社_____承担任何责任。
7. 对于假借本公司名义进行的不法经营活动，我们一定依法_____到底。
8. 为了维护消费者的合法_____，我们将采取法律措施。
9. 凡遇到上述情况，请会员单位提高警惕，并及时与协会秘书处联系，以免上当受骗和造成不可_____的经济损失。
10. 为维护公司的形象，该公司对外发表了严正_____。

二、用书面语改写句子。

1. 最近，某些单位用我们公司的名义进行不合法的经营活动，使我们公司的名声受到了很不好的影响，所以我们在这里非常严肃地发表以下声明。

   _____

2. 对于那些用我们公司的名义进行不合法经营活动的单位，他们造成的经济损失我们公司是不会承担的。

   _____

3. 为了不买到假冒产品，请消费者在购买产品时一定要看清楚产品商标。

   _____

4. 对于在其他网站上销售的这类产品，我们公司不能保证它们的质量。

_____

5. 我们单位的公章不小心弄丢了，因此声明作废。

_____

三、完形填空。

SANSUI 山水品牌维权声明

近期互联网上某些公司假冒"SANSUI 山水"品牌，以山水环球科技有限公司的___1___进行非正当招商宣传，误导经销商及消费者，___2___，本公司做出如下声明：

一、"SANSUI 山水"为日本电气株式会社注册商标。深圳市山水环球科技有限公司是唯一获得合法___3___在中国生产、推广和销售数码系列产品（包括 MP3、MP4 等微型影音产品）的单位。其他未经本公司授权而使用"SANSUI 山水"商标和山水环球科技有限公司的名义来推广其数码产品的行为，均属假冒侵权行为。

二、为了维护"SANSUI 山水"品牌形象，保障消费者权益，本公司郑重要求已构成侵权行为的组织或个人立即停止其行为，否则将___4___其法律责任。同时也提醒广大消费者，在选购"SANSUI 山水"产品时，请认准"SANSUI 山水"___5___，谨防上当受骗，确保买到正宗的产品。更多信息请登录"SANSUI 山水"中国官方网站：http://www.sansui.com.cn，了解"SANSUI 山水"全线产品。

特此声明。

深圳市山水环球科技有限公司
2018 年 6 月 15 日

（来源：柯琳娟，《企业（公司）常用文书写作格式与范本》，企业管理出版社，2006 年，有改动。）

四、完成写作任务。

● 任务一：

请根据下面的材料写一则遗失声明。

> 德胜商务咨询公司近日遗失营业执照正副本,号码为:6100000320050434。请你为该公司写一则遗失声明。

● 任务二：

请根据下面的材料写一则注销声明。

> 佳美公司近年来经营状况不佳,公司的投资收益率长期小于负债利息率,现宣告破产。请你为该公司写一则注销声明。

● 任务三：

请根据下面的材料写一则维权声明。

> 近来某些单位假冒利剑数码有限责任公司的名义生产该类产品,并且盗用"利剑"牌商标字样,对"利剑"牌数码相机的形象造成了不利影响。请你为利剑数码有限责任公司写一则维权声明。

● 任务四：

请根据下面的材料写一则授权声明。

> 为维护消费者权益,国家药品监督管理局特授权仁和药业有限责任公司生产"速效"牌感冒药,对于其他厂家销售的"速效"牌感冒药,不予任何质量保证。作为该局的法律顾问,请你发表一则授权声明。

> 文书知识

一、声明的含义

"声"是宣布、陈述的意思，而"明"是说明、表白的意思。"声明"就是公开表态，或者说明、陈述某种事实，并做出相应的决定或表明立场、态度。

声明是告启类文书的一种。它是就有关事项或问题向社会表明自己立场、态度的应用文书。声明具有以下几种作用：(1) 表明立场、观点、态度；(2) 警告、提示；(3) 保护合法权益。

遗失声明是指遗失者丢失了某些证件等时，为了补办相关证件，必须先确定遗失者所丢失的证件已经在法律上无效。

注销声明是根据当地工商局的要求，在因公司经营不善、公司营业额未达标或自身某种原因导致公司关闭、歇业的情况下，在当地市级报纸、当地工商局指定的报纸或全国性报纸上刊登的注销公告。

维权声明是单位或个人为维护自己的合法权益而发表的声明。须向对方提出警告或要求，说明为制止事态的继续发展将要采取的措施或做法。

授权声明是律师根据受聘担任法律顾问的单位及其法定代表人的授权，就某种涉及授权人的权益问题而公开表明立场或主张以维护其合法权益，在报刊上登载的文字材料。

二、声明的篇章结构

1. 标题。一般只写文种"声明"；另一种由事由和文种构成，如"遗失声明"；还有一种由发文机关名称、授权事由、文种三部分构成，如"天华公司授权法律顾问李美律师声明"。

2. 正文。先简明扼要地写明发表声明的原因，再表明对有关事件的立场和态度，最后常可写上"特此声明"。

3. 落款。包括署名和日期两部分。如果声明正文内容中有希望公众检举揭发侵权者的意思，那么还应在署名的右下方附注自己单位的电话、地址以及邮政编码等，以便联系。

三、声明的写作要点

1. 直接说清楚需要表述的事情和需要表达的意思。
2. 以叙述、说明为主，不宜用描述性语言。
3. 语气要鲜明有力，态度严肃，措辞得体。

第二单元

证明信

介绍信

推荐信

求职信和个人简历

竞聘词

辞职信

第5课 证明信

 适用情景

当有关人员的身份、职务、收入、经历及相关事项需要证明时,使用此类文书——证明信。证明信对了解和考察有关人员和事件的真实情况有着重要的证明或参考作用。证明信主要用于以下场合:

1. 作为身份证明件使用的证明。
2. 作为材料存入档案的证明。
3. 用于证明事实材料的真实性。

 文书框架

证明信

单位名称:
　　写明所证明的人的姓名,以及所联系或办理的事项
　　特此证明

证明单位(公章)
日期

 例文分析

 例文(一)

小黄鸭热水器厂派技术员李文前往湖北检查并修理该厂出产的热水器。下面是厂里开具的证明信。

证明信

　　兹有我厂技术员李文，男，40岁，前往湖北检查并修理我厂出产的小黄鸭牌热水器。希望有关单位给予帮助。
　　特此证明。

小黄鸭热水器厂（公章）
2018 年 7 月 7 日

（有效期：自 2018 年 7 月 7 日至 2018 年 7 月 30 日）

> 讲明被证明人的情况，介绍所联系的事项，并希望给予帮助。

（来源：许燕，《新编办公室文秘写作一本通》，经济科学出版社，2006 年，有改动。）

词语

1.	给予	jǐyǔ	动词	（书面语）给。	give
2.	有效期	yǒuxiàoqī	名词	（条约、合同、证件等）有效的期限。	term of validity

重点词语与句子例解

希望有关单位给予帮助。

给予：书面语，给。例如：
(1) 我单位张华前往贵处调研，望给予支持。
(2) 我公司对李彩云的工作表现给予高度的评价。

例文（二）

　　红苹果贸易有限公司因招聘员工郑晓凌，向其原工作单位天达公司去函，希望提供郑晓凌的证明材料，以作为考察的凭证。以下是天达公司的回函。

证明信

红苹果贸易有限公司：

  3月1日来函收悉。现根据函中要求，将郑晓凌的有关情况介绍如下：

  郑晓凌2010年3月至2018年1月在我公司工作。该同志工作认真负责，以身作则，成绩突出，曾获"优秀设计师"称号。

  特此证明。

天达公司（盖章）
2018年3月20日

收到来函。

提供某人的证明：工作、任职及获奖情况等。

（来源：于凡，《办公好帮手 常用文体规范写作总汇》，企业管理出版社，2004年，有改动。）

词语

1.	收悉	shōuxī	动词	收到（信件等）并知道其中的内容。	be received and read
2.	以身作则	yǐshēn-zuòzé	成语	用自己的行动做出榜样。	set an example with one's own conduct

重点词语与句子例解

1. **3月1日来函收悉。**

    收悉：收到（信件等）并知道其中的内容。例如：

    （1）来函收悉，现将王一梅的情况介绍给你们。

    （2）3月7日来函收悉，现根据贵公司要求，将该员工的情况介绍如下。

2. **现根据函中要求，将郑晓凌的有关情况介绍如下：**

    根据：表示以某种事物作为结论的前提或语言行动的基础。例如：

    （1）根据贵公司要求，现将红苹果贸易有限公司的资信情况说明如下。

    （2）根据员工档案记载，兹证明李明2003年至2004年曾在本公司供职。

3. 特此证明。

特此：特地这样。例如：

(1) 该同学1993年1月出生，天津市人，现为上海财经大学金融专业本科大四学生，将于2015年7月本科毕业。特此证明。

(2) 我公司因工作调整，原派刘强前往贵处负责检查和修理电器的工作，现由谭阳接替，特此更正。

 例文（三）

李美女士已签订购房意向书并打算向银行申请贷款，银行要求她提供收入证明。下面是李美女士所在单位开具的收入证明。

收入证明

交通银行江岸支行：

  兹证明李美女士系本单位正式员工，已连续在本单位工作六年，目前在本单位担任企划部经理。近一年内该员工的平均月收入（税后）为8000元人民币（大写：捌仟元整），具备一定的贷款偿还能力。

  本单位承诺以上情况属实，如因上述证明与事实不符而导致贵行经济损失，本单位愿承担相关责任。

  特此证明。

天达公司（公章）
2018年6月15日

证明李美女士的工作、收入情况。

说明本单位的承诺。

词语

1.	承诺	chéngnuò	动词	对某项事物答应照办。	promise
2.	属实	shǔshí	动词	符合实际；是实情。	be true; be verified
3.	导致	dǎozhì	动词	引起（一般为不好的结果）。	result in
4.	损失	sǔnshī	名词	消耗或失去的东西。	loss
5.	承担	chéngdān	动词	担负；担当。	bear; undertake

重点词语与句子例解

1. 兹证明李美女士系本单位正式职工……

    系：书面语，同判断词"是"。例如：

    (1) 马一，男，汉族，系山东人。
    (2) 兹证明马一系我公司销售代表。

2. 本单位承诺以上情况属实……

    属实：符合实际；是实情。例如：

    (1) 以上表格内容填写情况属实，特此证明。
    (2) 我公司所提供的以上资料属实，并愿承担相应的法律责任。

3. ……如因上述证明与事实不符而导致贵行经济损失，本单位愿承担相关责任。

    因……而……：表示因果关系。例如：

    (1) 佳美服装因具有保暖性、吸湿性、透气性等良好功能而获得消费者的好评。
    (2) 佳能品牌新品相机因性能出众而成为市场新宠。

综合训练

一、选词填空。

给予	证明	收悉	导致	根据
介绍	偿还	承诺	属实	承担

1. 王一梅收入稳定，信用良好，有 _____ 贷款的能力。
2. 由于失误，_____ 毕业证书未能在毕业时发放，现即将补发。
3. 我公司王华前往处贵处考察，望您能 _____ 帮助。
4. 本公司 _____ 所提供的证明材料属实。
5. 经审核，该公司为"AAA"级企业，特此 _____。
6. 本单位谨此承诺上述证明属实，如因上述证明与事实不符导致贵行经济损失，本单位保证 _____ 相关法律责任。
7. 本月10日来函 _____，现将该公司情况介绍如下。
8. 现 _____ 来函要求，现将贵公司员工李华的情况介绍如下。
9. 今 _____ 我所高级工程师张华前往贵公司洽谈有关合作的具体事宜，请予接待。
10. 本人确保被担保人所提供的个人简历材料 _____，特此证明。

二、用书面语改写句子。

1. 下面将根据来信中的要求介绍贵公司员工王一梅的有关情况。

   _____

2. 现在我厂员工李文要去你们公司调研，希望支持一下。

   _____

3. 现在证明李美女士是本单位正式员工，已连续在本单位工作六年。

   _____

4. 本单位承诺上面提到的情况是真实的。

   _____

5. 如果因为上面提到的证明不符合事实而导致贵行经济损失，本单位愿意承担有关责任。

   _____

三、完形填空。

证明信

春竹服装厂：

　　贵厂设计师赵婉从 2015 年 3 月 __1__ 在我处担任设计工作，三年来工作认真负责，积极肯干，曾于 2016 年 7 月获中国职业时装设计师创意大赛金奖。特此 __2__ 。

天达公司（公章）

2018 年 3 月 15 日

（来源：文天谷，《财经应用文写作教程》，立信会计出版社，2002 年，有改动。）

资信证明书

编号：2009 年 1235 号

签发日期：2009 年 9 月 26 日

天达公司：

　　王华因与贵公司建立业务联系，委托我行对其资信状况出具　3　，经确认，具体情况如下：王华在我行开立结算账户。自 2004 年 7 月 1 日开始，到 2009 年 9 月 25 日　4　，王华在我行办理的各项信贷业务无逾期欠款记录，资金结算方面无不良记录，执行结算纪律情况　5　。

　　特此证明。

中国建设银行上海支行（章）

负责人或授权代理人：（签名）

四、完成写作任务。

● 任务一：

请根据下面的来函写一封证明信。

尊敬的毛玲老师：

　　您好！

　　我公司是一家外资财产保险公司。贵校金融学院 2018 届本科毕业生张然同学来我公司面试，从众多应届毕业生中脱颖而出，我公司拟予以录用。现特发函核实该生的情况（个人简历附后），盼复！

　　此致

敬礼！

美亚外资财产保险公司

2018 年 4 月 25 日

张然　应聘保险销售类岗位

电话：13478900907　　　　　　　出生年月：1996年3月1日　　　　性别：男

邮箱：zhangran@163.com　微信账号：13478900907

教育经历

2014.09～2018.06　上海大学，国际金融学，学士学位。

专业技能

有金融专业背景；有保险公司的实习经历，熟悉保险公司工作流程；熟练使用Oracle、SQL等软件，通过大学英语六级考试、国家计算机三级考试。

获奖情况

2015～2018　获一等学业奖学金2次，国家奖学金1次。

实践经历

2016.12～2017.03　中国人寿保险股份有限公司产品部，完成英国寿险市场主要产品分析报告。

2017.04～2017.10　中国平安保险（集团）股份有限公司，对承保财产进行风险评估。

兴趣爱好

爱好足球、篮球等运动；爱好旅游；关注财经时事、经济论坛。

自我评价

有一定的保险专业知识，有多项调研经历，对调研方法、统计方法都有较深入的理解；有领导多个社团的经历，有较强的组织能力和团队精神。

● 任务二：

请根据下面的要求写一封收入证明。

> 王华是天达公司员工，已经在销售部连续工作了六年。近几日需要前往交通银行办理信用卡。请以公司名义为王华写一封收入证明信。

● 任务三：

请根据下面的要求写一封身份证明信。

> 公司员工杨琪前往山东、河北、安徽等地检查设备。请你以公司经理的名义写一封身份证明信。

> 文书知识

一、证明信的含义

证明信是以机关、团体、单位或个人名义书写的，是用来证明有关人员的身份、职务、经历以及相关事项的真实情况时所使用的一种专用文书。它也通常被称为"证明"或"证明书"。证明信的内容一定要真实、可靠，出具的证明信具有法律效力。

证明信的种类：从写作者来划分，可分为以组织名义出具的证明信和以个人名义出具的证明信；从证明信的用途来划分，又可分为作为材料存入档案的证明信、证明丢失证件等情况属实的证明信和作为身份证明使用的证明信。

二、证明信的篇章结构

1．标题。第一行正中写上"证明信"或"证明书"，或者写"有关××问题的证明"。

2．称谓。第二行顶格写上单位（或姓名）称谓，以示尊重。

3．正文。（1）写明所证明的人的姓名及所联系或办理的事项。（2）结语一般用"特此证明"。开头没写送达机关名称的，可用"此致××单位"，不用写致敬语。作为身份证明件使用的证明信，一般要在正文之后注明证件有效时间。

4．落款。在正文右下方先写明证明单位名称或个人姓名，并加盖公章或私章，然后在下方写明具体的日期。如果是个人写的证明信，其所在单位还应在证明后面签署意见，并在签署意见的右下方，写上单位名称和日期，并加盖公章。有存根的证明信须在两联中间加盖公章。

三、证明信的写作要点

1．内容要真实可靠，有明确的结论，不能弄虚作假。

2．语言要准确、明晰，绝不能模棱两可。

3．字迹端正规范，不能涂改。

第6课 介绍信

当用来介绍被派遣人员的姓名、职务等有关身份和接洽事项等情况时，需使用此类文书——介绍信。企业人员出差办事、出席会议、商洽公务等都需要使用介绍信，因为它具有介绍与证明两种作用。

文书框架

介绍信

称谓：

简单介绍被介绍人的姓名、身份、职务等

写明接洽事项和要求

表示祝愿和敬意

证明单位（公章）

日期

（使用期限）

云桥电梯有限公司派赵梅、钱小亮二人前往华美公司联系电梯销售业务，为此，公司开具了专用介绍信。

云桥电梯有限公司专用介绍信（存根）

（_____字第_____号）

赵梅、钱小亮二人前往华美公司联系电梯销售业务。

2018 年 7 月 15 日

·················· 字第 号（盖章）··················

云桥电梯有限公司专用介绍信

（_____字第_____号）

华美公司：

兹介绍赵梅、钱小亮二位员工（系我公司销售员）前往贵处联系电梯销售业务事宜，敬请接洽并予以大力支持。

此致

敬礼！

云桥电梯有限公司（盖章）

2018 年 7 月 15 日

（有效期 10 天）

存根部分。说明公司某员工具体联系事宜。

出具给联系单位的介绍信。写明被介绍人的姓名、身份、具体联系事宜，并请接洽与支持。

（来源：姬瑞环、卢颖、崔德立，《商务文书写作与处理》，中国人民大学出版社，2004 年，有改动。）

 词语

1.	存根	cúngēn	名词	票据、证明等开出后所留的底子，其内容与票据、证明等基本相同，留存备查。	counterfoil; stub
2.	系	xì	动词	（书面语）同判断词"是"。	(formal) be
3.	接洽	jiēqià	动词	跟人联系、商量、交谈有关事情。	take up a matter with; arrange with
4.	予以	yǔyǐ	动词	（书面语）给以。	give; grant
5.	大力	dàlì	副词	用很大的力量。	energetically

重点词语与句子例解

1. _____ 字第 _____ 号

   表示事物次第的文字和数码。如"国税地字第15号"。

2. **兹介绍赵梅、钱小亮二位员工（系我公司销售员）前往贵处联系电梯销售业务事宜，敬请接洽并予以大力支持。**

   兹介绍：现在介绍。常用于介绍信、证明信开头，引出介绍对象。还可用"兹派""兹有"。

   事宜：关于事情的安排和处理。例如：

   （1）兹介绍我单位马一前往联系租车事宜，请接洽为盼。

   （2）兹派我厂技术员何平前往贵厂参观学习生产流程，请予协助。

   予以：书面语，给以。例如：

   （1）兹介绍马一去贵厂学习丰田生产模式，请予以协助。

   （2）我公司兹派以下员工参加本次活动，请予以安排。

例文（二）

银象地板有限公司负责联系西南地区分销商的业务员李梅辞职，故安排程晓东接替李梅。为此，公司人力资源部特别给西南地区分销公司吴经理写了介绍信，告知人事变动情况。

介绍信

尊敬的吴经理：

　　您好！

　　由于与贵地区分销商联系的业务员李梅辞职，特向您介绍接替李梅的程晓东先生。 [说明介绍缘由。]

　　程晓东先生于上海财经大学毕业后，在我公司销售部已经工作两年，曾多次参与公司销售策划方案的制定和实施，有较强的工作能力。程晓东先生为人真诚，认真负责，又是四川人，相信他担任西南地区的业务员后一定会与各分销商处理好关系，取得更出色的业绩。 [具体介绍被介绍人的情况，并给予评价。]

　　程晓东先生将于下月5日拜访贵公司，烦您接洽并予协助。若还需其他信息，望来函。 [说明被介绍人的联系事宜。]

　　顺颂商祺！

银象地板有限公司人力资源部
2017年6月25日

（来源：姬瑞环、卢颖、崔德立，《商务文书写作与处理》，中国人民大学出版社，2004年，有改动。）

词语

1.	接替	jiētì	动词	代替；把别人的工作接过来继续做下去。	take over
2.	策划	cèhuà	动词	筹划；谋划。	plan; plot
3.	方案	fāng'àn	名词	工作的计划	scheme; plan
4.	制定	zhìdìng	动词	规定出（法律、章程、条例等）。	formulate; work out
5.	实施	shíshī	动词	实行（法令、政策等）。	implement
6.	担任	dānrèn	动词	担当某种职务或工作。	take charge of
7.	出色	chūsè	形容词	特别好；超出一般。	outstanding
8.	业绩	yèjì	名词	建立的功劳或完成的事业；成就。	outstanding achievement
9.	拜访	bàifǎng	动词	（敬辞）访问。	pay a visit; give a look-in
10.	协助	xiézhù	动词	帮助；辅助。	assist

重点词语与句子例解

1. 程晓东先生将于下月 5 日拜访贵公司，烦您接洽并予协助。

    烦：敬辞，烦劳。表示请求、托付别人帮助办事。例如：

    （1）兹有我校张雪同学前往贵处实习，烦您接洽并予帮助。

    （2）烦请在该单上注明所需数量，并请于今夜寄回。

2. 顺颂商祺！

    顺颂商祺：顺便祝愿你经商的时候吉祥如意（含有生意兴隆、多多赚钱的意思）。也可说"顺祝商祺"。"祺"有"吉祥、安泰"之义，多用于书信结尾的祝颂之语。

一、选词填空。

| 事宜 | 协助 | 策划 | 实施 | 接洽 |
| 担任 | 业绩 | 拜访 | 予以 | 大力 |

1. 马晓晨为我公司销售部经理，由他_____此次活动的负责人，希予接洽。
2. 今介绍我所高级工程师王梅、李晓东前往贵公司洽谈有关合作的具体_____，请予接待。
3. 李晓华先生在我公司已经工作两年，曾三次参与公司重大项目方案的策划与_____，有较强的工作能力。
4. 兹介绍张梅、李强、王华三人前往贵处联系采购事宜，请接洽并予_____。
5. 公司领导对陈宇华出色的工作_____、执着的工作态度赞赏有加。
6. 王强从事广告文案_____工作20余年，具有丰富的工作经验。
7. 兹介绍我单位赵峰到你处参观考察，请予以_____。
8. 兹介绍孙艺前往贵处联系订购事宜，敬请接洽并_____支持。
9. 敝公司海外供销主任李力先生将于下月初专程_____贵公司。
10. 我公司将派周福、钱强等二人于11月17日左右到贵校实地招聘，请贵校予以接洽并_____支持！

二、用书面语改写句子。

1. 程晓东先生将在下月5号拜访贵公司，请您接待他，并向各位分销商介绍。

_____

2. 如果还需要什么信息，可以写信告诉我。

_____

3. 赵梅、钱小亮两个人去华美公司联系电梯销售事情。

_____

4. 现在介绍我单位员工马明前往联系租车的事情，盼望你们能接待办理。

_____

5. 请您在这个单子上注明需要的数量，并请在今天晚上寄回来。

_____

三、完形填空。

介绍信

尊敬的王经理：

您好！首先感谢您长期以来对我公司销售业务的__1__支持。

我公司新任销售部经理陈梅女士将__2__4月下旬前往贵处。此行的主要目的有二：一是进一步__3__我公司产品在北京的销售情况以及用户的反馈，以便进一步提高产品质量，满足用户要求；二是与贵公司__4__明年合作事宜。因陈梅女士是初次拜访贵公司，望您在各方面予以__5__。

对于您的热忱帮助，我们将不胜感激。

此致

敬礼！

刘华阳
2018年2月5日

四、完成写作任务。

● 任务一：

> 公司销售部杨琪、孙文婷二位员工前往天翼有限公司洽谈有关合作的具体事宜。请你以公司的名义写一封介绍信。

● 任务二：

> 公司派谢伟前往南方人才市场管理中心联系招聘工作事宜。请你以公司名义为其写一封介绍信。

文书知识

一、介绍信的含义

介绍信是用来介绍联系接洽事宜的一种应用文体，是介绍本单位人员到外单位参观学习、联系工作或了解情况等所写的一种书信。它具有介绍和证明的双重作用。

介绍信主要有两种形式：普通介绍信和专用介绍信。专用介绍信由企业专门印制、装订成本并编有序号。专用介绍信一般有两联，一联是存根，另一联是外出使用的介绍信本文，正中有虚线孔的间缝，使用时按照编号顺序填写。

二、介绍信的篇章结构

1. 标题。第一行居中写上"介绍信"三个字。
2. 称谓。在第二行顶格写明联系单位或个人的名称，称谓后要加上冒号。
3. 正文。(1) 开头。简单介绍被介绍人的姓名、身份、职务等。(2) 主体。说明接洽事项和要求。(3) 结语。写上"此致敬礼"等表示祝愿和敬意的话。
4. 落款。在正文右下方写明出具介绍信的单位名称，并署上介绍信的成文日期，加盖单位公章。有时需要在正文的最后注明本介绍信的使用期限。

三、介绍信的写作要点

1. 介绍信须在填写前经主管领导批准，否则不得填发。
2. 一封介绍信只能写给一个单位，不要开给"各有关部门"的通用介绍信。
3. 内容真实完整，不得任意涂改，并加盖公章及骑缝（两张纸的交接处）章。
4. 有存根的介绍信，存根联和正式联要内容完全一致，存根底稿要妥善保存。

第7课 推荐信

 **适用情景**

当向用人单位推荐某人,希望用人单位接纳或采用时,使用此类文书——推荐信。推荐信主要用于以下场合:

1. 公司聘人时为全面了解应聘人,会要求应聘人提供两三份推荐信。一般情况下,推荐信由推荐者自行选择格式书写,也有的公司会设计统一格式的推荐信。

2. 用人单位未要求提供推荐信,求职人为增加应聘的成功概率,请专家、教授或原单位负责人等向用人单位推荐自己。

 **文书框架**

推荐信

收信方的称谓:
  介绍被推荐人以及自己与被推荐人的关系
  针对用人单位的情况需要,介绍被推荐人的情况
  阐述对被推荐人的评价,表明能胜任的意见,以达到推荐目的
  重申对被推荐人的支持,表达自己希望达成的愿望
  致以感激祝福

推荐人
日期

附:被推荐人的相关证明材料

 **例文分析**

 **例文(一)**

大学毕业生王琳同学准备到红苹果贸易有限公司应聘,她学校的周勇副教授为她写了一封推荐信。

推荐信

红苹果贸易有限公司负责人：

您好！

我是王琳同学的指导老师周勇（副教授，硕士生导师，E-mail：zhouyong@163.com）。今向贵公司推荐我校市场营销专业2018届本科毕业生王琳同学。

王琳同学自入校以来，一直严格要求自己，思想端正，勤奋刻苦，学习成绩优异，顺利获得大学英语六级、全国计算机二级证书，并多次获得校级奖学金。该同学不仅有过硬的专业知识，其他方面也表现突出。她曾经担任过我校学生会主席，任职期间，工作认真踏实，责任心强。她集体荣誉感强，多次在活动中为我校争得荣誉。在社会实践方面也表现突出，曾在天达公司实习，获得了较高评价。

总之，王琳同学专业基础扎实，组织能力强，综合素质过硬，待人诚恳大方，严于律己，是一位德、智、体全面发展的优秀大学生，相信她一定能胜任贵公司的工作。

望贵公司予以重点考虑，她一定会不负您的重托！

此致

敬礼！

华东师范大学商学院教师

周勇

2018年3月15日

 词语

1.	导师	dǎoshī	名词	高等学校或研究机构中指导学生学习、进修、写作论文的教师或研究人员。	supervisor; tutor
2.	端正	duānzhèng	形容词	正确；正派。	upright; righteous; respectable
3.	优异	yōuyì	形容词	优秀，出色。	excellent

4.	过硬	guòyìng	形容词	经受得起严格的考验或检验。	having a perfect mastery of
5.	踏实	tāshi	形容词	（工作或学习的态度）切合实际，不浮躁。	steady
6.	荣誉	róngyù	名词	光荣的名声。	honour
7.	扎实	zhāshi	形容词	（学问、工作、作风等）踏实；实在。	solid
8.	素质	sùzhì	名词	人的体质、品质、情感、知识和能力等。	quality
9.	诚恳	chéngkěn	形容词	真诚恳切。	sincere
10.	大方	dàfang	形容词	（言谈、举止）自然，无拘束。	elegant
11.	严于律己	yányúlùjǐ	成语	严格地约束自己。	be strict with oneself
12.	胜任	shèngrèn	动词	水平与能力足以担任。	be competent at/in sth
13.	重托	zhòngtuō	名词	重大的委托。	great trust
14.	敬礼	jìnglǐ	动词	（敬辞）书信结尾的礼貌用语。	used at the end of a letter

重点词语与句子例解

1. 总之，王琳同学专业基础扎实，组织能力强，综合素质过硬，待人诚恳大方，严于律己，是一位德、智、体全面发展的优秀大学生……

   总之：连词，表示下文是总括性的话。例如：

   (1) 总之，王华同学思想端正，专业基础扎实，责任心强，综合素质过硬，待人诚恳大方，严于律己，是一位全面发展的大学生。

   (2) 总之，我很高兴也很荣幸能够为她写此推荐信，并保证自己所讲的有关于她的一切都真实可靠。

2. 望贵公司予以重点考虑，她一定会不负您的重托！

   不负……重托：不辜负某人重大的委托。例如：

   (1) 望贵单位予以重点考虑，他一定会尽职尽责，不负您的重托！

   (2) 如果竞聘成功，本人有信心把美好的梦想逐渐变成现实，不负大家的重托。

例文（二）

红苹果贸易有限公司员工周志强想要读研深造，学校要求他提供推荐信。于是，周志强请公司经理顾海龙写了一封推荐信。

推荐信

尊敬的清北大学招生官：

您好！我是红苹果贸易有限公司的总经理顾海龙。得知我公司优秀员工周志强想要赴贵校深造，我感到无比欣慰。在我看来，这样一个有强烈上进心的年轻人值得接受良好的教育并拥有更辉煌的未来。因此，我很荣幸向贵校推荐这位优秀青年。

周志强曾在大四的时候来我公司实习。尽管实习之初对业务不很熟悉，工作经验相对不足，但是不服输的他一刻也不放弃学习的机会。他利用闲暇时间大量阅读相关业务的书籍，虚心向其他员工请教。渐渐地，他在各项业务上都取得了一定成绩。对此他并没有满足，更没有骄傲自大。相反，遇到难题，他仍然虚心与同事交流讨论直到找出解决方案为止。鉴于他在实习期的出色表现，我公司破例招收他为正式员工（通常我公司不予考虑应届毕业生）。

现在，周志强已成长为我公司的一名业务精英，他工作认真、负责、努力，为所有同事树立了榜样。付出就有回报，他因此被评为本公司2017年度优秀员工。

虽然从某种程度上来说，如此优秀的员工即将踏上读研深造之途是我公司的损失，但是考虑到他的前途，我依然毫不犹豫地支持他赴贵校深造。真诚期望贵校能同样支持他，给他一个提升自己、实现梦想的机会。谢谢。

顾海龙

2018年5月15日

第一段，介绍推荐人的身份，表达自己推荐的愿望。

第二段和第三段，介绍被推荐人的工作情况。

最后，再次表达推荐人的愿望。

 词语

1.	赴	fù	动词	到（某处）去。	go to
2.	深造	shēnzào	动词	泛指为了提高水平而进一步学习和研究。	pursue advanced studies
3.	无比	wúbǐ	副词	没有别的能够相比。	incomparably
4.	欣慰	xīnwèi	形容词	喜欢而心安。	gratified
5.	强烈	qiángliè	形容词	极强的，力量很大的。	strong; intense
6.	上进	shàngjìn	动词	向上；进步。	make progress
7.	辉煌	huīhuáng	形容词	显著；卓著。	brilliant; splendid
8.	荣幸	róngxìng	形容词	光荣而幸运。	honoured
9.	业务	yèwù	名词	个人或机构的专业工作。	vocational work
10.	匮乏	kuìfá	形容词	（书面语）缺乏；贫乏（多指物资方面）。	deficient
11.	闲暇	xiánxiá	名词	空余时间。	leisure
12.	虚心	xūxīn	形容词	谦虚不自满，肯向别人求教或接受别人的意见。	modest
13.	请教	qǐngjiào	动词	请求指教。	ask for advice; consult
14.	为止	wéizhǐ	动词	终止；截止（多用于时间、进度等）。	be up to
15.	鉴于	jiànyú	介词	（书面语）以某种情况为前提加以考虑。	in view of
16.	破例	pòlì	动词	打破以前的惯例。	make an exception
17.	招收	zhāoshōu	动词	通过考试或其他方式接收（新成员）。	recruit
18.	精英	jīngyīng	名词	出类拔萃的人。	elite
19.	树立	shùlì	动词	建立（多用于抽象的好的事情）。	set up
20.	提升	tíshēng	动词	提高（职衔、职称、级别、能力等）。	promote

重点词语与句子例解

1. **得知**我公司优秀员工周志强想要赴贵校深造，我感到无比欣慰。

    得知：知道。例如：

    (1) 得知贵公司招聘客户经理，特推荐吴昕前去应聘。

    (2) 得知韩雪去贵公司应聘，特写信推荐。

2. ……我很**荣幸**向贵校推荐这位优秀青年。

    荣幸：光荣而幸运。例如：

    (1) 非常荣幸能够进入贵公司工作。

    (2) 收到贵公司的邀请函，我深感荣幸。

3. **鉴于**他在实习期的出色表现，我公司破例招收他为正式员工。

    鉴于：主要用于表明事情的原因，类似"考虑到"。例如：

    (1) 鉴于上述情况，我们提出以下建议。

    (2) 鉴于业务量增大，本公司特招聘以下人员。

4. 付出就有回报，他因此**被评为**本公司2017年度优秀员工。

    评：评判。"被评为"多用于说明得到的评价或奖励。例如：

    (1) 2012—2016年，王丽曾先后多次被评为上海市优秀班主任。

    (2) 他曾担任校学生会纪检委员，工作认真负责，被校学生会评为优秀学生干部。

5. 虽然**从某种程度上来说**，如此优秀的员工即将踏上读研深造之途是我公司的损失，但是**考虑到**他的前途，我依然毫不犹豫地支持他赴贵校深造。

    从某种程度上来说：从某种特定的程度上来说，是从某个侧面、某个层次、某个深度来说明某个观点。例如：

    (1) 从某种程度上来说，整个企业的管理就是绩效管理。

    (2) 从某种程度上来说，一个国家的国际地位取决于该国的经济发展水平。

    考虑到：思考某一方面，做出决定。例如：

    (1) 他是一名忠诚、可信任、谦虚随和、富有朝气和干劲十足的员工。然而，考虑到他的前途，我依然毫不犹豫地支持他去新的企业发展。

    (2) 考虑到他所申请的是物理学专业，我认为他的科研能力将得到很好地发挥，相信贵校能提供一个更大的平台让该生向着专业型人才方向前进。

一、选词填空。

| 推荐 | 招聘 | 踏实 | 接洽 | 深造 |
| 荣幸 | 树立 | 鉴于 | 业务 | 胜任 |

1. 考虑到员工的前途，作为公司经理，我毫不犹豫地支持他出国 _____。
2. 他工作认真负责，业绩突出，为所有同事 _____ 了榜样。
3. 得知李丽向贵公司申请求职，已经递交了求职简历及求职信，在此我为她写 _____ 信。
4. 我很 _____ 能够为她写此推荐信，并保证所讲的内容真实可靠。
5. 欣闻贵公司拟从我校应届毕业生中 _____ 电脑软件开发人员。
6. _____ 他的出色表现，特写此推荐信。
7. 若被贵公司录用，我将会在自己的岗位上 _____ 工作。
8. 该员工 _____ 能力突出，连续多年被评为先进工作者。
9. 我们相信他一定能够 _____ 贵公司的工作。
10. 在此郑重推荐这两位同学赴贵公司实习，希予 _____ 为荷！

二、用书面语改写句子。

1. 近日贵公司来信说，要从我校应届毕业生中招聘两名市场营销员。

   _____

2. 我觉得这名员工完全可以担任贵公司的工作，所以向您推荐。

   _____

3. 由于这名员工表现出色，所以我向您推荐他。

   _____

4. 我相信，王峰能力较强，可以做好贵公司的工作。

   _____

5. 考虑到贵公司的招聘要求，选出两名成绩最好的学生，推荐给贵公司。

_____

三、完形填空。

推荐信

红苹果贸易有限公司：

  贵公司日前来函，拟从我校本届毕业生中招聘会计两名。现在我校本届毕业生考试已经全部结束，特从学生中选出成绩最好的两名，___1___给贵公司。一名学生叫马晓燕，女，23岁，山东人，为人诚实，___2___认真努力，每学期成绩均列前五，实际操作能力较强。另一名学生叫王辉，男，22岁，湖南人，多次被评为校三好学生，___3___班干部工作，认真负责，善于团结同学，学习成绩优良，毕业实习成绩位居第一。我们认为上述两名学生能够___4___贵公司的会计工作，特此推荐，希予录用为荷！致以___5___！

上海国家会计学院（公章）
2018 年 4 月 5 日

  附：马晓燕、王辉历年学习成绩表

（来源：文天谷，《财经应用文写作教程》，立信会计出版社，2002 年，有改动。）

四、完成写作任务。

● 任务一：

交通银行招聘客户经理，负责信用卡产品营销推广、市场开拓，岗位要求：

(1) 热爱销售工作，有激情。

(2) 具备良好的沟通能力和市场拓展能力，能与客户建立良好的合作关系。

(3) 具备强烈的销售意识，有进取心和取得成功的强烈愿望。

(4) 具备良好的道德素质和敬业精神，无不良记录。

金融学专业本科应届毕业生李晓华欲前去应聘，请王教授写一封推荐信。下面是他的个人情况。

> 我叫李晓华，是上海财经大学金融学院2018届本科毕业生，上海人。在校期间，我学习刻苦，专业扎实，成绩优秀，且每年都获得校级奖学金。我还顺利通过了大学英语四级、国家计算机二级考试。曾担任院学生会主席一职，工作认真踏实，集体荣誉感强，多次为我院争得荣誉。

● 任务二：

王静同学从华东政法大学法学本科专业毕业后，希望去中国政法大学法学院深造，攻读法学硕士学位，特请导师张教授写一封推荐信。下面是王静同学的大致情况。

> 我叫王静，是华东政法大学2018届法学专业本科毕业生，山东人。在校期间，我学习刻苦，专业扎实，成绩优秀，且三次获得校级奖学金。我顺利通过了大学英语六级、国家计算机二级考试，获得普通话水平二级甲等证书。曾参加华东地区大学生辩论赛，获得最佳辩手。此外，我还利用业余时间在永泰律师事务所实习，获得了相关工作经验和社会经验。

文书知识

一、推荐信的含义

推荐信是写给用人单位，向用人单位推荐优秀人才或者向自己的熟人和朋友介绍某个人去做某件事以便使之采纳的专用书信。

二、推荐信的篇章结构

1．标题。第一行正中写上"推荐信"或"推荐书"三个字。

2．称谓。在第二行顶格写上收信方的称谓，或只写职务，如"尊敬的×××经理""尊敬的××局局长"。

3．正文。(1) 开头。介绍被推荐者的身份，以及自己同被推荐者之间的关系。(2) 主体。针对用人单位的情况需要，介绍被推荐者的情况，如思想修养、个性特征、学历学位、专业特长、业务能力、学习／工作经验、学习／工作成绩等，阐述对被推荐者的评价，是否能胜任新工作的意见，使对方对被推荐者产生好感，从而达到推荐人才的目的。(3) 结语。再次肯定对被推荐者的支持和推荐，表示自己希望能办成此事的愿望，恳请用人单位给予被推荐者工作机会，并向对方致以感激祝福之情。结语也可指明在信的后面将附上一些证明被推荐者业绩的有关材料。

4．落款。在正文右下方署上推荐者的姓名，以及成文日期。推荐者如果是单位，须加盖公章。

三、推荐信的写作要点

1．推荐者对被推荐者要有较清楚的了解。在写推荐信之前，推荐者可向被推荐者要一份比较详尽的材料，以便客观公正、实事求是地进行推荐。

2．写推荐信一般都是受熟人或友人之托，但写信时要尽量客观。

3．推荐理由要写清楚，表达要简明扼要，不必面面俱到。

4．语言要简洁明快，有礼貌，不可用命令、指示等口气。

5．推荐信可注明推荐者和被推荐者的详细联系方式，以备联系之用。

6．单位向单位写推荐信，要由主管人签名，底稿留存，以备查考。

第8课　求职信和个人简历

当向用人单位自荐谋求某职位时，使用此类文书——求职信。

书写求职信主要是为了使用人单位进一步感受到求职者的诚意，增加求职者获得面试的机会。

> **求职信**
>
> 称谓：
> 　　说明求职信息的来源和求职人的基本情况
> 　　说明能胜任应聘岗位工作的各种能力，介绍自己的潜力
> 　　表示希望得到答复或面试的机会
>
> 　　　　　　　　　　　　　　　　　　　　　求职人姓名
> 　　　　　　　　　　　　　　　　　　　　　日期
>
> 附件

大学生孙笑妍给一家中外合资企业写信，欲应聘文职人员。

求职信

尊敬的人力总监：

  您好！

  我是广东外语外贸大学中国语言文化学院2018届涉外商务秘书专业本科学生孙笑妍。贵公司是闻名遐迩的中外合资企业，总经理知人善任，我慕名已久。从朋友处得知，贵公司因扩大业务需要增加文职人员，特写信与您联系，渴望能为贵公司效劳。 说明消息来源。

  在校期间，我严格要求自己，努力提高品德修养，刻苦学习，曾两次获得校级优秀学生奖学金。四年来，我系统地学习了秘书学、应用写作、管理学、公共关系学和外贸基础等二十多门专业课程，熟悉文章写作和公文处理，曾获学校征文比赛三等奖，同时顺利地通过了计算机二级考试和大学英语六级考试。 介绍专业背景和实习情况

  我性格开朗，诚实热情，获得普通话二级甲等证书，通晓广州话，能听懂部分潮州话、客家话，英语听说能力较强。在校期间我历任班长、系学生会宣传部长，工作认真踏实，热情肯干，还曾利用寒假进行社会调查，并连续两年做社区志愿者，积累了一些实际工作经验。我的爱好广泛，喜欢文娱、体育活动，曾获校第三届中文演讲比赛二等奖，校第二届卡拉OK歌唱大赛第三名，校排球比赛团体第二名。 介绍专项技能和兴趣爱好。

  我喜欢做秘书、公关和宣传工作。如有机会为贵公司效力，<u>不胜荣幸</u>！本人<u>定当</u>努力工作，<u>不负</u>您的<u>厚望</u>。谨候回音。 表达自己的愿望。

  祝生意兴隆！

自荐人：孙笑妍敬上
2018年4月20日

  附件：

  1. 个人简历及近照

  2. 各科成绩登记表

  3. 推荐信一封

（来源：张浩，《新编商务信函写作模式》，蓝天出版社，2004年，有改动。）

个人简历

姓名	孙笑妍	性别	女	出生年月	1996年2月	照片
籍贯	广州市	民族	汉族	政治面貌	中共党员	
学历	本科	学位	文学学士	专业	涉外商务秘书	
毕业学校	广东外语外贸大学			毕业时间	2018年7月	
电子信箱	sunxiaoyan@163.com			联系电话	18623900876	
性格品质	团结友善，稳重踏实，责任心强，适应能力强，富有创新精神。					
专业知识	系统学习了秘书学、应用写作、管理学、公共关系学和外贸基础等等二十多门专业课程。专业理论知识扎实，学习成绩名列前茅。					
社会实践	2016～2017年担任系学生会宣传部长。 2015～2016年在天华社区担任志愿者，获一致好评。 2014～2015年担任涉外商务秘书班班长。					
所获奖励	2016年获广东外语外贸大学社会实践奖学金。 2015～2017年被评为校优秀大学生，并两次获得校级奖学金。					
爱好特长	擅长公文写作，爱好唱歌、演讲、打排球。					
外语水平	通过大学英语六级考试，具备较强的英语听说和笔译能力。					
计算机水平	通过国家计算机二级考试，熟练掌握多种办公软件。					
自我评价	思维谨慎，能独立解决问题；有较强的团队精神，适应能力强。					

词语

1.	涉外	shèwài	形容词	涉及与外国有关的。	concerning foreign affairs
2.	闻名遐迩	wénmíngxiá'ěr	成语	形容名声很大，远近都知道。	be well-known far and wide
3.	知人善任	zhīrén-shànrèn	成语	了解人（多指下属）的长处，并善于根据其长处予以任用。	place people where they can put their abilities into full play
4.	慕名	mùmíng	动词	仰慕别人的名气。	admire a famous person
5.	效劳	xiàoláo	动词	出力服务。	render service to
6.	修养	xiūyǎng	名词	理论、知识、艺术、思想等方面所达到的水平。	accomplishment

7.	系统	xìtǒng	形容词	连贯的、有条理的。	systematic
8.	征文	zhēngwén	动词	围绕某个主题或题目公开征集稿件。	solicit articles; on a given subject
9.	积累	jīlěi	动词	（事物）逐渐聚集。	accumulate
10.	效力	xiàolì	动词	效劳。	render service to
11.	厚望	hòuwàng	名词	深切的期望。	high expectation
12.	友善	yǒushàn	形容词	朋友之间亲近和睦。	friendly
13.	稳重	wěnzhòng	形容词	（言语、举动）沉着而有分寸。	steady
14.	创新	chuàngxīn	动词	摒除旧的，创造新的。	innovate
15.	名列前茅	mínglièqiánmáo	成语	比喻名次排在前头。	come out on top
16.	具备	jùbèi	动词	具有；齐备。	possess
17.	思维	sīwéi	名词	在表象、概念的基础上进行分析、综合、判断、推理等认识活动的过程。	thought; thinking
18.	谨慎	jǐnshèn	形容词	对外界的事物或自己的言行非常小心（跟"大意"相对）。	prudent; cautious
19.	团队	tuánduì	名词	具有某种性质的团体；集体。	team
20.	精神	jīngshén	名词	宗旨；主要的意义。	essence; spirit

重点词语与句子例解

1. **如有机会为贵公司效力，不胜荣幸！**

   不胜荣幸：（让我感到）非常的光荣和幸运。"胜"表示"能够承受，能够承担"的意思，"不胜荣幸"表示"太荣幸了，快无法承受了"这种意思。

   （1）如蒙光临，不胜荣幸。
   （2）能够站在这个讲台上，真是不胜荣幸。

2. 本人定当努力工作，不负您的厚望。

定当：一定。负：动词，辜负，背弃。厚望：名词，深切的期望。例如：

(1) 如蒙贵单位录用，我定当尽心尽力，不负厚望！

(2) 希望贵公司能给我一个施展才华的机会，我定当努力工作，不负公司对我的厚望！

例文（二）

看到《上海晚报》上天达公司招聘销售策划的广告后，赵华写了一封求职信申请这一职位。

求职信

尊敬的天达公司负责人：

　　看了《上海晚报》上的招聘广告后，我特写信申请贵公司销售策划一职。

　　目前，我供职于上海本地一家外资公司，是公司销售资料的专职策划人。任职以来，每年大约负责审查八项策划案，并协助处理市场调查和文稿撰写等相关工作。胜任策划这项工作的人必须有创造性，能够与人和睦相处，并能严格按期完成任务。我认为自己在这些方面有着较强的优势。

　　我之所以申请贵公司的销售策划一职，是因为我希望自己的事业能从处理本地业务扩展到全国乃至国际业务。目前我正寻求进一步发展个人潜力的机会，而贵公司恰好给我提供了这样的机会。

　　我拥有您所寻求的理想雇员的知识和技能，并且已在相似的岗位上工作多年，曾获得上海市2015年和2016年销售策划竞赛奖。我非常期待能够与您面谈。随信附上我的个人简历和证书复印件。期待您的回复。

　　　　　　　　　　　　　　　　　　　　　　　赵华

　　　　　　　　　　　　　　　　　　　　　2018年6月19日

说明信息来源。

介绍目前的工作以及自己对职位的认识。

说明自己求职的原因。

最后说明自己的潜力与期望。

（来源：张浩，《新编商务信函写作模式》，蓝天出版社，2004年，有改动。）

个人简历

基本情况

姓名：赵华　　　　　　　　　　年龄：34 岁

民族：汉族　　　　　　　　　　学历：硕士

毕业学校：上海对外经贸大学　　户口所在地：上海

照片

应聘职位

销售策划

工作经历

2008～2017 上海华美公司，担任公司销售资料的专职策划人。

所获奖励

2015～2016 获上海市销售策划竞赛一等奖、二等奖。

教育背景

2005～2008 上海对外经贸大学市场营销专业，获硕士学位。

2001～2005 上海对外经贸大学市场营销专业，获学士学位。

外语能力

托福 105 分，具备较强的英语表达能力。

工作能力

具备较强的营销策划能力和团队精神，人际关系良好，适应能力强。

自我评价

乐观向上，适应力强，勤奋好学，认真负责，吃苦耐劳，善于协同作战，勇于迎接新挑战。

 词语

1.	供职	gòngzhí	动词	担任职务。	hold office
2.	外资	wàizī	名词	由外国投入的资本。	foreign investment
3.	专职	zhuānzhí	名词	由专人担任的职务。	full time
4.	审查	shěnchá	动词	检查核对是否正确、妥当。	censor; examine
5.	撰写	zhuànxiě	动词	写作。	write
6.	和睦相处	hémù-xiāngchǔ	成语	彼此友好地相处。	live in harmony
7.	乃至	nǎizhì	连词	甚至。	even

8.	恰好	qiàhǎo	副词	正好；刚好。	exactly; just right
9.	雇员	gùyuán	名词	受雇用的职员或编制以外的临时工作人员。	employee
10.	竞赛	jìngsài	动词	互相比赛，争取优胜。	competition; contest
11.	吃苦耐劳	chīkǔ-nàiláo	成语	能够经受艰难困苦并禁得起劳累。	be hardworking and able to endure hardships
12.	协同	xiétóng	动词	各方互相配合或甲方协助乙方做某事。	coordinate
13.	挑战	tiǎozhàn	名词	需要应付、处理的局面或难题。	challenge

重点词语与句子例解

1. 看了今天《上海晚报》上的招聘广告后，我特写信申请贵公司销售策划一职。

   职：职位，在履行职务中所处的地位。一职：这样一个职位。例如：

   （1）很高兴从报上获悉贵公司的招聘信息，我谨申请工艺工程师一职。

   （2）2002—2004 年间，我曾担任销售部经理一职。

2. 我之所以申请贵公司的销售策划一职，是因为我希望自己的事业能从处理本地业务扩展到全国乃至国际业务。

   之所以……是因为……：表示因果关系，先说结果，后说原因。有强调原因的作用。例如：

   （1）我之所以竞聘这一职位，是因为我具有以下三个优势。

   （2）之所以选择贵公司，是因为在贵公司工作能给予我学以致用的最好机会。

3. 目前我正寻求进一步发展个人潜力的机会，而贵公司恰好给我提供了这样的机会。

   恰好：正好；刚好。例如：

   （1）我喜欢和不同性格的人打交道，因为那可以让我从不同的人身上学到不同的优点，而国际营销、贸易等工作恰好给我提供了这样的机会。

   （2）我非常喜欢从事外贸工作，恰好遇到贵公司在招聘促销策划人员。

4. 我拥有您所寻求的理想雇员的知识和技能。

   所：用在"的"字结构前边，修饰后面的名词，表示名词是受事。例如：

   （1）我是北京会计学院的一名应届本科毕业生，所学的专业是会计学。

(2) 我热爱贵公司所经营的事业，殷切地期望能够在您的领导下，为这一光荣的事业添砖加瓦。

5. 随信附上我的个人简历和证书复印件。

随：跟着，和……一起。例如：

(1) 如您想参加会议，请填写好报名表，并随表附上一张照片。

(2) 随信附简历一份，大致列明个人学历、经验及技能情况，谨供您参考。

综合训练

一、选词填空。

一职	优势	具备	技巧	团队
精神	供职	效劳	厚望	协同

1. 目前我 _____ 于安信证券投资公司。
2. 我利用课余时间广泛地阅读了大量书籍，知识面广，同时 _____ 多方面的技能。
3. 我具有良好的沟通能力和 _____ 合作精神，能承受工作压力，并有较强的组织协调能力。
4. 听闻贵公司正招聘相关文职人员，特发邮件与您联系，渴望能为贵公司 _____。
5. 我曾与同事 _____ 合作，成功完成三个项目的策划与推销。
6. 我希望贵公司能给我一个施展才华的机会，我一定会努力工作，不负公司对我的 _____。
7. 通过在人力资源部门的学习，我掌握了很多与人沟通的 _____。
8. 本人欲申请贵公司美容造型师 _____，我自信符合贵公司的要求！
9. 我本身有计算机专业 _____，又善于与人沟通，我非常有信心做好这个工作。
10. 作为新时代的大学生，我有着一种敢于自荐、敢于探索、善于创新的 _____。

二、用书面语改写句子。

1. 我马上从复旦大学毕业。

   _____

2. 早就听说你们公司的名字了，希望能在你们公司工作。

3．根据招聘广告上提出的要求，我认为我很适合，希望贵公司考虑一下我。

4．信里面还有我的个人简历和证书复印件。

5．我希望贵公司能给我一个服务的机会，我等着您的回答。

三、完形填空。

求职信

尊敬的王波先生：

　　您好！我从报纸上看到贵公司的___1___信息，对行政主管这一职位非常感兴趣。

　　本人现任天天公司行政助理___2___，有五年的相关经验。工作期间，参与过大型的会务组织工作，积累了不少经验。我相信自己能___3___贵公司行政主管一职。

　　随信___4___个人简历，如有机会得到面试通知，我将不胜感激。若贵公司认为我不___5___您的条件，我也会一如既往地关注贵公司的发展。

张桐

2018年4月10日

四、完成写作任务。

● 任务一：

下面是刊登在报纸上的一份招聘启事，依据这一招聘启事，写一封求职信。

北京欣旺服装设计工作室设计师招聘

招聘职位：设计师2名

应聘要求：1. 设计能力全面。

2. 沟通能力强，有团队合作精神。

3. 本科及以上学历。

4. 有两年以上相关工作经验。

有意者请将简历等相关材料以电子邮件形式发送到 shejishi@163.com。

● 任务二：

下面是一份自我介绍，请据此写一份个人简历。

　　我叫李明，男，上海人，本科毕业于上海财经大学国际经济与贸易专业。英语六级，尤其擅长听说；日语二级，基本沟通没问题。上学期间获得过很多奖项，如奖学金、优秀学生干部等。在校期间担任过学生会组织部长一职，成功策划并组织过校运动会及毕业生晚会，能力得到很大提高。

　　大四上学期，在美仑咨询公司实习（世界500强企业），主要负责对欧洲的业务。外语水平和咨询类的知识水平都有了很大提高。

　　大四下学期，在金森物流公司实习（世界500强企业），主要负责亚洲的物流运输业务。通过实习，对物流的相关知识有了更深的了解。

文书知识

一、求职信的含义

　　求职信是向用人单位自荐、谋求职位的书信。

　　它分为自荐信和应聘信两种。自荐信是比较系统地介绍自己的才识、专长和经历，进行自我推荐的专用书信，一般用于人才招聘会上向多个用人单位呈送。应聘信是为求得某一具体职务而有重点地介绍自己与此职务相关的才能和条件的专用书信，一般针对某一具体的招聘启事而写。

二、求职信的篇章结构

1．标题。第一行居中写上"求职信""自荐信"或"应聘信"三个字。

2．称谓。在第二行顶格写"尊敬的××公司王经理""尊敬的××公司人力资源部""尊敬的总经理先生"等，注意称谓要做到礼貌、得体。一般不要用"亲爱的""我最尊敬的"等字眼。

3．正文。(1)开头。说明求职信息的来源和求职人的基本情况。(2)主体。说明应聘岗位和能胜任本岗位工作的各种能力；介绍自己的潜力。(3)结语。表示希望得到答复面试的机会，如"我期待着好消息""热切地盼望着贵公司给予答复"等。然后向对方致敬，如"祝贵公司兴旺发达""顺祝安康""深表谢意"等，也可以用"此致敬礼"之类的通用词。

4．落款。在右下角签上你的姓名及求职的年、月、日。与信首呼应，也可写"您信赖的××""您忠实的××"之类的词语。

5．附件。宜精不宜多。一般都要求附一些有效证件，如外语等级证书、计算机等级证书、获奖证书的复印件以及简历、近期照片等。最好有附件目录。

三、求职信的写作要点

1．内容要有针对性。必须针对对方要求或担任某职务有关的内容来选择和组织材料，围绕求职单位的实际情况、读信人的心理和个人的求职意向来写。动笔之前须考虑以下五个问题：未来的雇主需要的是什么？你的目标是什么？你的优点或优势是什么？如何把你的经历与此职位联系起来？你为什么想为此机构或雇主服务？

2．充满自信，目的明确。求职信的目的是为对方所录用，恰如其分地推销自己，字里行间表现充分的自信，用自己的成绩、特长、优势甚至用个性、闪光点吸引对方。

3．表达思路清晰，简明扼要。求职信的重点在于"荐"，在构思上一定要围绕"为何荐""凭何荐""怎么荐"的思路安排。写求职信应开门见山，简明扼要，不要转弯抹角，不宜面面俱到。

四、求职简历的写作要点

求职简历是求职者向雇主介绍其教育、经历、状况等情况的求职文书。它是求职过程中不可缺少的一部分。有时用人单位更关注求职简历。求职简历一般包括本人基本情况、个人履历、求职意向、联系方式、能力、兴趣爱好及个性特征、证明材料等。

1．基本情况包括姓名、性别、出生年月、籍贯、民族、政治面貌、学校、专业、学历、学位、毕业时间等。

2．个人履历一般指从高中开始的学历阶段经历，一般按时间从近及远的顺序排列，主要包括学习经历和工作经历。

(1)学习经历包括大学阶段主修、辅修与选修科目及成绩，突出与谋求的职位有关的科目、专业知识。

（2）工作经历包括社会实践工作、建树或经验，要写清楚实践工作的时间、单位、岗位、收获或成绩，以增强可信度。

3．求职意向指对哪些岗位、行业感兴趣及相关要求。

4．联系方式包括地址、电话号码、电子邮件等。

5．能力是指自己在哪些方面具有优势，有哪些工作能力。

6．兴趣爱好及个性特征，进一步印证自己适合某类型的工作。

7．证明材料包括学历证明、获奖证书、专业技术资格证书、专家推荐信、所发表的论文著作等。

第 9 课　竞聘词

 适用情景

当竞聘者为了实现竞争上岗,需要展现自己具备充分的应聘条件时,使用此类文书——竞聘词。

 文书框架

竞聘词

称谓:

　　介绍竞聘原因

　　说明竞聘优势(包括学历、专业知识、理论素养、工作经验、能力、业绩等)和工作思路(包括工作目标、工作方法等)

　　表明对成败的正确态度、竞争上岗的信心和决心,以及希望得到支持

　　表示感谢

 例文分析

 例文(一)

项目部助理王悦参加了公司办公室主任的岗位竞聘。

办公室主任竞聘词

各位领导、各位同事:

　　下午好!很高兴能够参加这次竞聘。

　　我叫王悦,今年25岁,大学本科学历,现在是项目部助理。　　简要介绍自己。

我这次竞聘的岗位是办公室主任。

我2015年大学毕业从事助理工作，对单位了解比较全面，有丰富的理论知识和过硬的实践技能。我之所以决定来竞聘这个岗位，是因为我觉得我有三个有利的条件：

一是我有较为丰富的工作经验和相关知识。我在项目部工作三年多，深知办公室主任的地位、作用，了解办公室主任的职责、任务和工作规范，清楚办公室主任所必备的素质和要求，因此我认为自己可以胜任办公室主任的工作。

二是有强烈的事业心和高度的责任感。我遇事能以大局为重，为人宽宏大量，从不斤斤计较个人利益，在工作中谦虚谨慎，认真负责，尊敬领导，团结同事，得到了部门领导和同事的肯定。

三是有较强的工作能力。我在日常生活和工作中注意不断学习，经过多年积累和锻炼，自己的写作能力和组织协调能力都有了很大的提高。

当然，优势再多，也只有转化到工作上才能收到实实在在的效果。如果承蒙领导和同事厚爱，让我走上办公室主任岗位，我的工作思路如下：

第一，扮好三个角色，即"助手""领导"和"朋友"。一是当好领导的助手。做到组织上服从而不盲从，工作上主动而不盲动，帮助领导排忧解难。二是与同事多沟通，找准工作重点和难点，制定出有效的工作计划和目标，有的放矢地开展工作。三是当好同事的朋友，在工作和生活上多关心同事，急同事之所急，想同事之所想。

第二，建立完善的内部管理制度。做到以制度管人、管事，层层负责。做到急事急办，特事特办，增强办事的紧迫感和责任感，提高工作效率。

第三，努力提高自身素质。打铁先要自身硬。如果我能够竞聘成功，我将努力加强自身修养，勤奋学习，不断提高业务能力，增强自身综合素质。

此次竞聘，无论成功与否，我对事业的初衷、对同事的爱心丝毫不会改变。如果我能有幸得到领导与同事的信任，我会将自己全部的精力投入到新的工作中去，为企业的发展贡献自己的一份力量。

我的演讲完毕，谢谢大家！

词语

1.	竞聘	jìngpìn	动词	通过竞争争取得到岗位。	compete for a post
2.	职责	zhízé	名词	职务和责任。	duty; responsibility
3.	规范	guīfàn	名词	约定俗成或明文规定的标准。	norm
4.	大局	dàjú	名词	整个的局面；总的形势。	overall situation
5.	宽宏大量	kuānhóng-dàliàng	成语	待人宽厚，度量大。	magnanimous
6.	斤斤计较	jīnjīn-jìjiào	成语	过分计较一丝一毫的利益或微不足道的小事。	haggle over every ounce
7.	协调	xiétiáo	动词	使调配得当。	coordinate
8.	服从	fúcóng	动词	遵从；听从。	obey
9.	盲从	mángcóng	动词	没有原则、没有主见地盲目跟从。	follow blindly
10.	主动	zhǔdòng	形容词	不受外力推动而行动的；自觉的（跟"被动"相对）。	acting on one's own initiative
11.	盲动	mángdòng	动词	没有明确的目标就盲目采取行动。	act blindly
12.	排忧解难	páiyōu-jiěnàn	成语	排除忧虑，解决困难。	get rid of worries and help to overcome difficulties
13.	有的放矢	yǒudì-fàngshǐ	成语	比喻说话或做事目标明确。	shoot the arrow at the target; have an object in view
14.	完善	wánshàn	形容词	完备而且良好。	perfect
15.	紧迫	jǐnpò	形容词	非常着急，需要马上解决。	pressing; urgent; imminent

重点词语与例解

1. 三是当好同事的朋友，在工作中和生活上多关心同事，急同事之所急，想同事之所想。

   急……之所急，想……之所想：站在别人的立场，理解别人所遭遇的困难、所经历的处境；把别人的难处当成是自己的，为他人着想。

（1）作为一家上市公司，必须及时了解消费者需求，急消费者之所急，想消费者之所想。

（2）公司必须贯彻落实"客户至上"的理念，急客户之所急，想客户之所想。

2. ……无论成功与否，我对事业的初衷、对同事的爱心丝毫不会改变。

无论……与否：不管一件事是这样还是不是这样。例如：

（1）无论成功与否，这次竞聘对我来说都是一次锻炼和考验。

（2）市场竞争的本质是"优胜劣汰"，无论承认与否，事实就是这样。

3. ……我会将自己全部的精力投入到新的工作中去……

将……投入到……中去：把时间、精力、生命等用到某一事情上去。例如：

（1）作为团队的一员，我会努力将全部的精力投入到团队工作中去。

（2）客户经理应该将全部的精力投入到客户服务中去，为客户排忧解难。

 例文（二）

入职三年的银行前台柜员参加了银行客户经理的竞聘。

客户经理竞聘词

尊敬的各位领导、各位同事：

　　大家好！

　　首先感谢各位领导的支持与帮助，也感谢各位同事对我的关怀。因为你们的信任与支持，我才有机会站在台上，衷心地向你们说一句：谢谢！ ｜ 感谢领导及同事，表达自己竞聘时的心情。

　　今天我要竞聘的岗位是客户经理，能站在这里与这么多优秀人才一起竞争，我感到十分激动。激动是因为我有幸与大家同台竞技，证明我的能力已经被大家认可。

　　入职三年以来，我主要从事的岗位是银行前台柜员。这一份工作让我得到了锻炼，更让我积累了足够的工作经验。我相信，这些工作经验将会帮助我更好地开展工作，为本行的发展贡献一份绵力。 ｜ 介绍自己的情况以及竞聘的优势，表达自己的信心。

　　每一个进取的人都有一颗乐观向上的心，我也不例外。客户经理一直都是我梦寐以求的职位，我有足够的信心能将这份工作做得更好。我认为自己能够胜任这一岗位的优势有两点：一是高度的责任心，二是高度的自信心。

如果我竞聘成功，我将在新的岗位中将以下工作做得更好：

一、更好地为客户解决难题，为他们提供更温馨的服务。俗话说，客户是上帝，更是我们的衣食父母，有了他们的支持才有了我们的发展壮大。因此，当我走上新的工作岗位后，我将督促自己更热忱、更贴心地为顾客提供更温馨的服务。

二、配合好上级工作，以上级领导的指示作为标准，努力完成上级下达的任务。

三、不断学习，不断提高。学习领导务实的工作作风，学习本行的服务精神，学习同事的优点，让自己不断提高。

总之，我有足够的信心面对这份工作带来的挑战。当然，如果这次竞聘没有成功，我也会坦然接受，因为这说明我还有上升的空间，还需要不断完善自己。最后，我有一句话与大家共勉：失败不可怕，可怕的是你不再向前，让我们扬起自信的风帆，自由翱翔！

我的演讲完毕，谢谢大家！

> 介绍自己的工作思路。

> 表达自己对竞聘结果的态度。

词语

1.	衷心	zhōngxīn	形容词	发自内心的。	heartfelt
2.	竞技	jìngjì	动词	比赛技艺，多指体育比赛。	compete in athletics
3.	绵力	miánlì	名词	（谦辞）微薄的力量。	humble effort
4.	梦寐以求	mèngmèiyǐqiú	成语	睡梦中都在不停地寻求，形容迫切地希望。	crave sth. so much that one even dreams about it
5.	温馨	wēnxīn	形容词	温和芳香；温暖。	mild and fragrant
6.	贴心	tiēxīn	形容词	心挨着心，形容最亲近、最知己。	intimate
7.	指示	zhǐshì	动词	对下级或晚辈就如何处理问题指明原则和方法。	instruct
8.	务实	wùshí	形容词	讲究实际，不求浮华。	pragmatic; down-to-earth; practical
9.	坦然	tǎnrán	形容词	心里平静，没有顾虑。	calm; unperturbed

| 10. | 共勉 | gòngmiǎn | 动词 | 共同勉励；共同努力。 | encourage each other |
| 11. | 翱翔 | áoxiáng | 动词 | 在空中回旋地飞。 | hover; soar |

重点词语与句子例解

……失败不可怕，可怕的是你不再向前，让我们扬起自信的风帆，自由翱翔！

扬起……的风帆：朝着远方不断航行，比喻坚定信心，朝着目标勇往直前，奋勇前进。例如：

（1）让我们扬起理想的风帆，闯出一片属于自己的天空！
（2）让我们扬起希望的风帆，齐心协力地完成每一个任务，争取在日后的工作中再创辉煌！

一、选词填空。

| 职责 | 完善 | 大局 | 宽宏大量 | 有的放矢 |
| 服从 | 修养 | 绵力 | 排忧解难 | 梦寐以求 |

1．每位员工都应该热爱本职工作，履行好自己的岗位 _____ 。
2．对企业管理者来说，努力加强自身 _____ ，不断提高自身综合素质，才能做好企业的领头人。
3．市场部应做好市场调研，及时了解客户需求，_____ 地开展工作。
4．让我们扬起希望的风帆，为公司的繁荣发展贡献自己的一份 _____ ！
5．金融行业的高薪职位一直是很多求职者 _____ 的工作。
6．感谢您的 _____ ，我会从这次工作失误中吸取教训，保证下次不会再犯同类错误。
7．无论身处哪个岗位，我们都要把公司的利益放在首位，站在集体的角度上考虑问题，凡事都应以 _____ 为重。
8．作为公司的高层管理人员，更应当自觉 _____ 组织安排，树立全局意识。
9．在经济全球化的背景下，_____ 企业经营战略对企业的发展起着举足轻重的作用。
10．公司的服务宗旨就是为广大客户 _____ ，急客户之所急，想客户之所想。

二、完形填空。

副总经理竞聘词

尊敬的各位领导：

大家好！

首先我很荣幸站在这里，感谢公司过去对我的培养和帮助，感谢各位领导给我展示自我的机会！我参与竞聘的___1___是公司副总经理。

我叫张淞然，42岁，中共党员，1998年毕业于上海财经大学金融学专业。于1999年进入红苹果贸易有限公司，历任销售部经理、项目部经理、分公司总经理。

我认为自己有四个方面的___2___：一是自身综合素质的优势。多年来，我一直从事着管理工作，无论是在分公司或是总公司，我都能以高度的事业心和责任感来严格要求自己，努力工作，在不同的工作岗位上都做出了相应贡献。二是学习能力的优势。我在工作之余仍然坚持学习，积极参加各类学习和培训，不断___3___自己的管理水平和专业水平。长期的学习使我养成了较强的自学能力，并能把学到的东西运用于日常管理工作之中，真正做到学用结合。三是有丰富的工作___4___。长期工作在基层一线，对基层工作有较深的了解，并能处理好各种实际问题。在担任分公司总经理一职期间，没有出现重大失误。四是有较强的工作能力。从事分公司的总经理一职让我具备管理一个企业的能力。

如果我竞聘总公司副总经理岗位___5___，我将更加严格要求自己，全面提升自己的思想水平与业务能力，我将牢记自己的使命，高质量、高标准完成公司领导交给我的各项工作任务。

最后，我向在座的各位领导承诺：无论我这次竞聘成功与否，我都将一如既往地继续做好我的本职工作，为公司的健康、持续发展而不懈努力。

我的演讲完毕，谢谢大家！

三、完成写作任务。

● 任务一：

> 你是惠丰公司销售部的一名员工，已经工作了四年，现打算竞聘公司销售部经理的职位。请你写一份竞聘词，说明竞聘原因以及竞聘优势，并表达自己对竞聘结果的态度。

● 任务二：

> 佳美公司将于今年3月举办一场公开竞聘会。作为一位工作六年的技术员，你打算竞聘佳美公司的技术总监岗位。请你写一份竞聘词，介绍自己的情况以及竞聘优势，并表达自己对竞聘结果的态度。

 文书知识

一、竞聘词的含义

竞聘词，又叫竞聘演讲稿。它是竞聘者为了实现竞争上岗，展现自己具备充分的应聘条件的演讲稿。大至竞选总统，小到竞聘上岗，都使用这种演讲稿。

二、竞聘词的篇章结构

1. 标题。标题或是点明文种，或是点明主题。
2. 称谓。称谓一般为"尊敬的各位领导""各位评委"等，可视现场情况稍有变化。
3. 正文。正文一般包括问候语、主体、结语三个部分。

问候语一般为"大家好""早上好"之类。竞聘词的开头要抓住评委、听众的注意力，并要注意博得他们的好感。

主体部分一般包括两大块：竞选优势和工作思路。竞选优势包括：(1) 学历、专业知识和理论素养；(2) 工作经验或经历；(3) 能力、业绩；(4) 思想品质表现；(5) 其他，诸如年龄、健康、性格、特长等。工作思路包括：(1) 工作目标；(2) 工作方法和态度；(3) 思想、品质保证等。

结语一般为：表明对成败的正确态度；竞争上岗的信心和决心；希望得到听众的支持，为自己投票。

竞聘词最后一般都有"谢谢大家"这个结束语。

三、竞聘词的写作要点

1. 目标明确。
2. 内容突出竞争优势。
3. 主题集中。
4. 措施有条理。
5. 语言口语化。
6. 控制篇幅。

第 10 课　辞职信

 适用情景

当员工向供职单位表述辞职意愿时，使用此类文书——辞职信。

 文书框架

辞职信

称谓：

　　概述辞职的原因

　　叙写目前工作情况，阐明自己难以胜任或不能适应某职务或工作

　　视实际情况，简要表述辞职后的打算

　　表达歉意，并希望得到同意

辞职人姓名
日期

 例文分析

 例文（一）

为出国深造，借合同到期之际，员工曹炜向公司领导递交辞职信。

辞职信

尊敬的领导：

　　您好！

　　我个人的上一份合同将于2018年7月到期，在此，我怀着复杂的心情做出了一个艰难的决定，不准备再续签下一份合同。希望公司能允许我在两到三周内离职。

　　我于2014年从学校毕业来到了公司。工作期间，公司给了我很多帮助，我学到了很多的东西，也积累了一定的经验。在此，我深表感激！

　　转眼三年多过去了，我一直很喜欢公司的工作条件和工作氛围，也很珍惜同事之间的友谊。然而由于我目前的学识水平不足以达到更高的平台，我需要再次回到学校寻求深造。因此，我不得不下定决心，准备离开公司。

　　总之，从目前我手上的工作和公司的状况来看，现在离职，对公司来说，可能是影响相对较小的。离开前我会认真做好现有的工作，把未完成的工作做一下整理，以保证工作的顺利交接。希望公司领导能够考虑我的申请并同意。

　　祝公司发展蒸蒸日上，取得更大的成功！

　　此致

敬礼！

申请人：曹炜
2018年6月20日

词语

1.	辞职	cízhí	动词	申请解除自己的职务。	resign
2.	怀	huái	动词	心里存有。	harbour
3.	艰难	jiānnán	形容词	困难。	difficult; hard
4.	离职	lízhí	动词	离开工作职位，不再担任职务。	leave office
5.	感激	gǎnjī	动词	因对别人的好意或帮助而产生感谢之意。	feel grateful

6.	转眼	zhuǎnyǎn	动词	一眨眼（形容时间之短）。	in an instant
7.	氛围	fēnwéi	名词	周围的环境、气氛或情调。	atmosphere
8.	珍惜	zhēnxī	动词	珍重爱惜。	treasure
9.	学识	xuéshí	名词	学术上的修养和知识。	scholarly attainments
10.	足以	zúyǐ	动词	足够；完全可以（表示程度够得上）。	be enough
11.	平台	píngtái	名词	泛指进行某项工作所需要的环境或条件。	platform
12.	决心	juéxīn	名词	坚定的、不动摇的意志。	determination
13.	总之	zǒngzhī	连词	承接上文，表示下文是总结性的话。	in short
14.	状况	zhuàngkuàng	名词	情形。	status; condition
15.	交接	jiāojiē	动词	移交和接替。	hand over and take over
16.	蒸蒸日上	zhēngzhēng-rìshàng	成语	比喻事情蓬勃发展，日日都有进步。	become more prosper every day

重点词语与句子例解

1. 在此，我怀着复杂的心情做出了一个艰难的决定，不准备再续签下一份合同。

   在此：在这里。例如：

   (1) 在此，我要特别感谢领导和同事对我的指引和帮助。

   (2) 从2014年初至今，进入公司工作四年的时间里，我得到了公司各位同事的多方帮助，在此表示衷心的感谢。

   怀着……的心情：用于表达做出决定或某种行为时的心情。例如：

   (1) 我是怀着十分复杂的心情写这封辞职信的。自我进入公司之后，承蒙您对我的关心、指导和信任，我获得了很多机遇和锻炼。

   (2) 我怀着极其复杂和愧疚的心情，写下了这份辞职信。很遗憾自己在这个时候突然向您提出辞职。

2. 希望公司能允许我在两到三周内离职。

   允许：答应，同意。例如：

   (1) 恳请领导允许我辞职。

   (2) 非常感谢老板允许我在这里工作以及对我的大力栽培。

3. 因此，我不得不下定决心，准备离开公司。

   不得不：必须，没有别的选择。例如：

   （1）由于家庭原因，我不得不向公司提出辞职申请。

   （2）由于薪金原因，我不得不向公司提出申请，并希望能于今年3月20日正式离职。

4. 离开前我会认真做好现有的工作，把未完成的工作做一下整理，以保证工作的顺利交接。

   以：表示目的，用于后一分句句首。例如：

   （1）我会在上交辞职报告后1—2周后离开公司，以顺利完成工作交接。

   （2）如果我有幸能得到大家的认可，我将全身心投入到这份值得热爱的工作中去。我会谦虚好学，充实和提高自己，以适应这个新的岗位。

5. 祝公司发展蒸蒸日上，取得更大的成功！

   蒸蒸日上：形容事业天天向上发展，十分兴旺。例如：

   （1）祝愿公司在往后的发展中更上一层楼，事业蒸蒸日上！

   （2）感谢您在百忙之中给予我的关注，愿贵单位事业蒸蒸日上，再创佳绩！

 例文（二）

因工作经验不足，难以胜任餐饮部经理一职，张佳元特向总经理提出辞职申请。

辞职信

尊敬的总经理：

　　您好！我因工作时间短，经验不足，处理问题的能力有限，难以继续担任餐饮部经理的工作，特向您提出辞职，请求予以批准。　　　　　　　说明写信的目的——申请辞职。

　　我自前年从华东商学院企业管理专业毕业到饭店工作后，承蒙总经理厚爱，不久我便被分配负责餐饮部工作。我一直努力工作，希望不负领导厚望，干出一番成绩。但在实际工作中碰到了不少困难，也给饭店带来了一些不应有的损失。尽管有其客观原因，但也从另一方面反映出我的思想水平和工作能力目前尚不能胜任经理的工作。　　　　　　　介绍目前的工作状况。

　　餐饮部是饭店的一个重要部门，有许多有经验的同事。我真诚地请求您能批准我辞去经理职务，让经验丰富、年富力强的同事来担任这一项工作。我将竭尽全力协助其开展工作，为　　　　　　　说明辞职的理由，表达自己的愿望。

饭店建设做出自己的贡献。
　　此致
敬礼！

张佳元
2018 年 7 月 6 日

（来源：张保忠、岳海翔，《最新企业常用文书写作技法与范文赏析》，中国言实出版社，2004 年，有改动。）

词语

1.	有限	yǒuxiàn	形容词	表示数量不多、程度不高。	limited
2.	难以	nányǐ	动词	难于。	be difficult to (do)
3.	批准	pīzhǔn	动词	对下级的意见、建议或请求表示准许。	approve
4.	承蒙	chéngméng	动词	（客套话）受到。	be indebted (to sb. for a kindness); be granted a favour
5.	分配	fēnpèi	动词	安排；分派。	assign
6.	番	fān	量词	遍；次；回。	(for actions, deeds, etc.)
7.	真诚	zhēnchéng	形容词	真实诚恳（跟"虚假""虚伪"相对）。	sincere
8.	年富力强	niánfù-lìqiáng	成语	年纪轻，精力旺盛。	in the prime of life and full of vitality
9.	竭尽全力	jiéjìn-quánlì	成语	用尽全部力气。	spare no effort

重点词语与句子例解

……承蒙总经理厚爱，不久我便被分配负责餐饮部工作。

承蒙：客套话，受到。礼貌用语。例如：

（1）承蒙贵校大力协助，特表示谢意。

（2）承蒙领导关照，不胜感激。

一、选词填空。

| 辞职 | 感激 | 氛围 | 足以 | 难以 |
| 承蒙 | 遗憾 | 转变 | 郑重 | 交接 |

1. 由于薪金原因，我不得不向公司提出离职申请，很 _____ 不能为继续公司效力。
2. 我非常 _____ 公司多年来对我的关心和培养。
3. 这次失误 _____ 反映我不适合营销工作，故提出辞职。
4. _____ 总经理的厚爱，给予我很多学习和锻炼的机会，使我在这个工作岗位上积累了一定的工作经验。
5. 我很遗憾自己在这个时候向公司正式提出 _____。
6. 简单的人际关系和温情的工作 _____，使我不舍。
7. 由于没有能为公司做好新的市场开发，给公司带来重大损失，我 _____ 提出辞去市场开发部主任一职。
8. 因本人工作能力和经验不足，_____ 胜任此工作，故提出辞职。
9. 我会在上交辞职报告后1—2周后离开公司，以便完成工作 _____。
10. 承蒙公司的培养，在短短的两年内，我由一个普通的业务员 _____ 成销售部经理。

二、用书面语改写句子。

1. 由于我的身体和家庭原因，恐怕我不可以做贵公司的工作。

   _____

2. 考虑到我的能力有限，很难做销售部经理，所以向您提出辞职，请您答应我辞职。

   _____

3. 由于受到贵公司的帮助，所以我向贵公司表示感谢。

   _____

4. 我希望公司的发展一天比一天快，尽快成为上市公司。

   _____

5．我将尽我最大的努力帮助公司的新人们做好工作。

___

三、完形填空。

辞职信

尊敬的经理：

　　您好！

　　我去年7月大学__1__后，应聘来到商场工作。一年来，我竭尽全力，倾所学知识服务于商场，为商场带来了明显的经济效益，曾受到公司的表彰。但一年来我也碰到过许多难以克服的__2__，动摇了我在本商场长期工作的决心。其中最主要的是住房__3__。因商场离家远，商场又没有住处，每天上下班在路上得花费两个小时。每到上早晚班，困难更大，中间的那段时间不知到哪儿休息，就现有条件，要想解决住房问题是极困难的。为了不再给您增添__4__，不再让您分心，我思考再三，只好忍痛辞去商场营业员的__5__，自找离家近的公司工作。恳请您能接受我的辞职，给予批准。

　　此致

敬礼！

许楠
2018年8月20日

（来源：张保忠、岳海翔，《最新企业常用文书写作技法与范文赏析》，中国言实出版社，2004年，有改动。）

四、完成写作任务。

● 任务一：

请根据下面的要求写一封辞职信。

> 李怡文是天达公司的一名员工，工作已经四年了。但由于父母近期身体不好，家里没人照顾，作为子女，有照顾双亲的责任，因此，她打算申请辞去现在的工作，于是给公司写了一封辞职信。

● 任务二：

请根据下面的要求写一封辞职信。

> 李明朗是天达公司的销售部经理，由于工作失误，给公司造成较大的经济损失，现向总经理提出辞去销售部经理一职。

文书知识

一、辞职信的含义

辞职信是指员工向供职单位表述辞职意愿的文书。此种文书，意在充分表达辞职者辞去现职的理由，为寻求一份更加适合自身发展、更能充分发挥自己特长的工作奠定必要的基础。

二、辞职信的篇章结构

1. 标题。在第一行中间写"辞职信""辞职书"或"辞去×××工作"等字样。
2. 称谓。在第二行顶格写任职单位负责人的称谓。
3. 正文。(1) 开头。概述提出辞去职务或工作的原因。(2) 主体。叙述现任工作情况；阐明自己难以胜任或不能适应某职务或工作；视实际情况，简要表述辞职后的打算。(3) 结语。表达歉意。
4. 落款。在正文右下方写上辞职人的姓名，在署名下面写具体的年、月、日。

三、辞职信的写作要点

1. 辞职的理由要充分、可信。
2. 措辞要委婉、恳切。
3. 篇幅应力求简短。

第三单元

聘书
请柬和邀请信
欢迎词和欢送词
祝酒词
答谢词
开幕词和闭幕词
贺信

第 11 课　聘书

 适用情景

当一个单位承担某项任务或开展某项工作,而本单位又缺少一些必要的人员,需要从外单位聘请相关人员来完成时,使用此类文书——聘书。

 文书框架

> **聘　书**
>
> 被聘人的称谓:
> 　　交代聘请的原因、聘请担任的职务或承担的工作、聘请的期限等。
> 　　　　　　　　　　　　　　　　　　　　　　　　聘任单位(公章)
> 　　　　　　　　　　　　　　　　　　　　　　　　日期

(来源:于凡,《办公好帮手　常用文体规范写作总汇》,企业管理出版社,2004 年。)

例文分析

例文(一)

上海家电集团聘请赵明先生为维修部总工程师。下面是上海家电集团的聘书。

<h3 style="text-align:center;">聘 书</h3>

　　兹聘请赵明先生为上海家电集团维修部总工程师，聘期自 2016 年 1 月 1 日至 2019 年 12 月 31 日止，聘任期间享受集团高级工程师全额工资待遇。

上海家电集团（公章）
2016 年 1 月 1 日

说明聘请的职务、聘期及待遇。

（来源：于凡，《办公好帮手　常用文体规范写作总汇》，企业管理出版社，2004 年，有改动。）

 词语

1.	聘请	pìnqǐng	动词	请人承担工作或担任职务。	engage
2.	维修	wéixiū	动词	保护和修理。	keep in good repair; maintain
3.	享受	xiǎngshòu	动词	物质上或精神上得到满足。	enjoy
4.	全额	quán'é	形容词	全部数额的。	full; total
5.	待遇	dàiyù	名词	物质报酬；工资福利。	salaries and other benefits

重点词语与句子例解

1. 兹聘请赵明先生为上海家电集团维修部总工程师……

   聘请 A 为 B：聘请某人担任某职位。例如：

   （1）为维护公司的合法权益，特聘请您为公司法律顾问。

   （2）本公司为扩大业务，特聘请王明达先生为网店客服经理。

2. ……聘期自 2016 年 1 月 1 日至 2019 年 12 月 31 日止，聘任期间享受集团高级工程师全额工资待遇。

   自……至……：从……到……。例如：

   （1）本聘书有效期自 2016 年 9 月 1 日至 2017 年 8 月 31 日止。

   （2）公司新职员的试用期为三个月，自 2017 年 7 月 1 日至 2017 年 9 月 30 日止。

享受：物质上或精神上得到满足。例如：
(1) 在职期间，享受公司带薪休假待遇。
(2) 在公司任职期间，将享受公司的一切福利待遇。

 例文（二）

绍兴飞亚公司聘请王建民工程师为公司技术顾问。下面是公司的聘用书。

聘 书

本公司因生产发展需要，特聘请王建民工程师为公司技术顾问。现将商定的有关事项表述如下：   *说明聘请原因、职务。*

一、我公司不干涉王建民同志的正常工作，不增加除技术以外的业务工作。

二、我公司给王建民同志每月酬金8000元，不另付其他补贴。如因工作需要，差旅费、出差补贴等由公司实报实销。如果对本公司做出重大贡献，另酌情发给奖金。   *写明酬劳、补贴等情况。*

三、聘期自2017年2月1日至2018年1月31日，暂为一年。到期后，如需续聘，另发聘书。   *说明聘期。*

四、聘期内，未经双方同意，任何一方不得中断聘约。   *说明聘期内对双方的限制。*

五、本聘书一式三份。受聘人、聘请单位、监证单位各执一份。

受聘人：王建民（签字）   聘请单位：绍兴飞亚公司（盖章）
监证单位：柯桥区人民政府（盖章）

2017年1月26日

（来源：张小乐，《实用商务文书写作》，首都经济贸易大学出版社，2008年，有改动。）

词语

1.	顾问	gùwèn	名词	有某方面的专门知识、备以咨询的人员。	consultant
2.	表述	biǎoshù	动词	叙述；说明。	explain; express

3.	干涉	gānshè	动词	过问别人的事或制止别人的行动，多指不该管的却硬管。	interfere
4.	酬金	chóujīn	名词	酬报劳务的费用。	remuneration; reward
5.	补贴	bǔtiē	名词	给予经济上的补助。	subsidy
6.	酌情	zhuóqíng	动词	斟酌情况。	take the circumstances into consideration
7.	任何	rènhé	代词	不论什么。	any
8.	中断	zhōngduàn	动词	中途停止或断绝。	suspend
9.	执	zhí	动词	拿着。	hold

重点词语与句子例解

1. 本公司因发展生产需要，特聘请王建民工程师为公司技术顾问。

   因：因为。例如：

   （1）甲方因工作需要，特聘用乙方为销售人员。

   （2）本厂因业务需要，特聘请您为我厂技术总设计师。

2. 现将商定的有关事项表述如下：

   将：书面语，把。如下：如同下面所叙述或列举的。例如：

   （1）现将公司对聘用人员的有关规定表述如下。

   （2）现将有关要求说明如下。

3. 到期后，如需续聘，另发聘书。

   如：如果。例如：

   （1）如应聘人在试用期内无故终止工作，本公司不支付任何费用。

   （2）如聘期结束后希望续聘，可提出书面申请。

4. 聘期内，未经双方同意，任何一方不得中断聘约。

   未：表示情况还没有发生。不得：不能。例如：

   （1）未经公司同意，不得对外发布公司产品信息。

   （2）若聘书未到期，公司不得无故解除聘用关系。

综合训练

一、选词填空。

| 聘请 | 任何 | 贡献 | 表述 | 酌情 |
| 享受 | 干涉 | 补贴 | 中断 | 待遇 |

1. 在本公司期间，公司不 _____ 您的私人生活。
2. 除了每月薪水以外，年终时我们将 _____ 发放一定数额的奖金。
3. 被聘人员在聘期内 _____ 本公司职员的一切福利。
4. 为维护公司的合法权益，特 _____ 赵友律师担任本公司常年法律顾问。
5. 他为这家企业做出了巨大的 _____，获得了经理的重用。
6. 公司办公环境好，_____ 也不错，员工们比较满意。
7. 在聘期内，未经双方书面确认，_____ 一方不得提前解除聘约。
8. 我们单位规定出差人员每天的伙食 _____ 为100元。
9. 如果一方 _____ 合同，须向另一方支付违约金。
10. 现将公司有关规章制度 _____ 如下。

二、用书面语改写句子。

1. 我们公司因为要发展业务，想聘请李想先生担任公司的总工程师。

   _____

2. 下面就说明一下我们讨论的一些事情。

   _____

3. 要是贡献大的话，我们公司会另外根据情况给你一定的奖金。

   _____

4. 聘任期限从2017年7月1日到2018年8月1日。

   _____

5. 没有经过双方同意，哪一方都不能中断聘约。

三、完形填空。

聘 书

王阳先生：

　　鉴于您在学术上的成就与影响，本校___1___聘请您___2___客座教授，___3___定聘期___4___2018年4月1日___5___2019年3月31日止。

　　此致

敬礼！

广西大学（公章）

2018年3月31日

（来源：梅雨霖、梅薇薇，《商务文书·规范写作大全》，广西人民出版社，2008年。）

四、完成写作任务。

● 任务一：

> 佳美日用品公司将聘请刘亮先生担任公司的技术顾问，负责新产品的开发，聘期为两年，年薪20万元。请为佳美日用品公司写一份聘书。

● 任务二：

> 亚飞软件公司将聘请李大卫担任软件开发工程师，每周工作五天，每天八小时，聘期暂定为一年，每月酬金两万元，此外，还享受企业休假等一切福利待遇。请为亚飞软件公司写一份聘书。

> 文书知识

一、聘书的含义

聘书即聘请书，是聘请某些有专业特长或有名望、有权威的人完成某项任务或担任某种职务时所使用的书信体文书。

二、聘书的篇章结构

1. 标题。第一行正中写上"聘书"或"聘请书"。

2. 称谓。在第二行顶格写上被聘请人的称谓，如"赵明先生""刘玲女士"等。这部分也可省略，将被聘请人的姓名写在正文中，如"兹聘请赵明先生……"。

3. 正文。一般交代聘请的原因、聘请担任的职务或承担的工作、聘请的期限、聘任期间的待遇、对被聘者的要求和希望等。

4. 落款。在正文右下方写明聘书发放单位的全称以及聘书的具体发放日期，同时要在落款处加盖公章。

三、聘书的写作要点

1. 内容清楚明了。对聘请的理由、聘请谁、聘去做什么以及期限等，一定要交代清楚。
2. 语言准确简洁。不同于其他专用书信，聘书只需说清楚事情即可，不必具体展开。
3. 要加盖公章。因聘书是以单位名义发出的，所以一定要加盖公章后才能生效。

第12课 请柬和邀请信

 适用情景

为了促进贸易双方的相互了解，增进友谊，发展业务，在庆祝会、纪念会、联欢会、招待会、展览会、订货会、宴会、酒会、晚会等各种会议及其他商务活动中，事先都可以通过请柬或者邀请信邀请有关人员前来参加，以此表示主办方的热情和诚意。

 文书框架

请　柬

被邀请对象的称谓：
　　时间、地点和内容
　　恭候语

　　　　　　　邀请方（公章或签名）
　　　　　　　　　　　　日期

邀请信

被邀请对象的称谓：
　　邀请的原因
　　细节安排或注意事项
　　问候语

　　　　　　　邀请方（公章或签名）
　　　　　　　　　　　　日期

 例文分析

 例文（一）

下面是中国成都进出口公司为邀请客人参加晚宴而发出的请柬。

请 柬

张大伟先生：
　　谨定于 2018 年 8 月 18 日下午六时在成都国际大酒店 18 楼宴会厅举行晚宴，恭候大驾光临。

　　　　　　　中国成都进出口公司总经理：王宏图（签名）
　　　　　　　　　　　　　　　　　　2018 年 8 月 10 日

写明时间、地点、内容和恭候语。

 词语

1.	恭候	gōnghòu	动词	恭敬地等候。 await respectfully
2.	大驾	dàjià	名词	（敬辞）称对方。 you

重点词语与句子例解

1. 谨定于 2018 年 8 月 18 日下午六时在成都国际大酒店 18 楼宴会厅举行晚宴……
   谨：敬辞，表示郑重、恭敬。例如：
   （1）谨邀请您于 2018 年 10 月来华访问。
   （2）谨邀请您参加本公司的年终答谢会。

2. ……恭候大驾光临。
   大驾：敬辞，称对方。大驾光临：形容尊贵的客人到家或单位做客。

例文（二）

成达公司将举办产品博览会，邀请有关人士前来参加。下面是公司的邀请信。

邀请信

尊敬的李明先生：

  我们于2018年6月12日至6月15日在华天大酒店举办国际工业产品博览会，展出我公司的所有产品。我公司最新的家具生产流水线届时也将向参观者开放。

  恭请李明先生莅临指导。未尽事宜，请与博览会执行委员会秘书李梅女士联系，电话号码：0532-××××××××。

  此致

敬礼！

成达公司（公章）

2018年5月10日

交代时间、地点和内容。

注意事项。

问候语。

（来源：梅雨霖、梅薇薇，《商务文书·规范写作大全》，广西人民出版社，2008年，有改动。）

词语

1.	流水线	liúshuǐxiàn	名词	以一个环节紧扣一个环节的方式来生产和组装的程序。	assembly line
2.	届时	jièshí	副词	（书面语）到时候。	when the time comes
3.	莅临	lìlín	动词	（书面语）来到；来临（多用于贵宾）。	attend (esp. of notable person)
4.	指导	zhǐdǎo	动词	指点引导。	guide
5.	未尽	wèijìn	形容词	未完的。	unfinished

重点词语与句子例解

1. 我公司最新的家具生产流水线届时也将向参观者开放。

  届时：书面语，到时候。特指未来的某个时候。例如：

  （1）我们真诚地邀请您届时光临指导。

(2) 本公司将于下周举办商品展销会，届时欢迎大家前来参加。

将：表示动作或情况不久就要发生。例如：

(1) 我们将竭诚欢迎你们的到来。

(2) 届时将展出本公司近年来深受市场欢迎的产品。

2. 恭请李明先生莅临指导。

恭请：恭敬地邀请。"恭＋单音节动词"常用于礼仪文书，表示对对方的尊敬。例如："恭候您的光临""恭祝您身体健康"。

莅临指导：书面语，指对方来指导工作，常用于礼仪文书和欢迎标语，例如："恭请各位专家莅临指导""欢迎市政府领导莅临指导"。

3. 未尽事宜，请与博览会执行委员会秘书李梅女士联系……

未尽：未完的。例如：

(1) 未尽事宜另行通知。

(2) 其他未尽事宜，由双方协商解决。

事宜：关于事情的安排和处理，多用于公文、书信中。例如：

(1) 相关事宜，请咨询展览会工作组。

(2) 未尽事宜，请联系本公司会议接待处。

例文（三）

润达股份有限公司举行全体员工代表大会，邀请有关人员参加。下面是公司的邀请函。

邀请函

尊敬的＿＿＿女士／先生：

  您好！

  润达股份有限公司因有您的陪伴走过了十八个不平凡的春秋，在经济全球化的大环境下，在外来的竞争中不断获得成长，一步步走向成熟。为顺应全球化发展趋势，进一步提升企业实力，更好地参与到国际市场的竞争中，特举行全体员工代表大会。真诚邀请您的参与！

  会议时间：2018年9月25日—9月29日

说明邀请与会的原因。

交代会议时间、地点。

会议地点：丽华城市中心酒店会议室
会议议题：
1. 分析公司海外市场开拓近况
2. 研究参与国际市场竞争的策略
会务组联系人：××
电话：0512-××××××××

润达股份有限公司
2018年8月17日

会议议题。

词语

1.	陪伴	péibàn	动词	随同做伴。	accompany
2.	平凡	píngfán	形容词	平常；不稀奇。	ordinary; common
3.	不断	búduàn	副词	连续地。	continually
4.	成熟	chéngshú	形容词	发展到完善的程度。	fully developed
5.	顺应	shùnyìng	动词	顺从；适应。	comply with
6.	趋势	qūshì	名词	事物发展的动向。	trend

重点词语与句子例解

1. 润达股份有限公司因有您的陪伴走过了十八个不平凡的春秋……

   春秋：用一年中的春秋两季指代一年。"走过十八个不平凡的春秋"意思是走过不平凡的十八年。

   例如：

   （1）西安房地产展览交易博览会已走过了十二个春秋。

   （2）美术馆陪伴艺术爱好者和广大市民们走过了四十个春秋。

2. 在经济全球化的大环境下，在外来的竞争中不断获得成长，一步步走向成熟。

   走向：朝着一个方向、目的行进或发展。例如：

   （1）他们走向成功的秘诀就是：坚持，坚持，再坚持。

   （2）公司依靠自己的资源，开发海外市场，最终让品牌走向世界。

一、选词填空

| 大驾 | 真诚 | 指导 | 邀请 | 届时 |
| 顺应 | 事宜 | 举办 | 竞争 | 走向 |

1. 为了 _____ 行业发展趋势，公司积极调整产品结构。

2. 公司下月迎来十周年庆典，_____ 也将推出本季的新款手机。

3. 公司定于1月5日 _____ 新产品发布会，欢迎各位光临。

4. 我们 _____ 地邀请您前来参加贸易洽谈会。

5. 如果您能 _____ 光临，我们将不胜荣幸。

6. 现在是中国互联网公司 _____ 全球化的最佳时机。

7. 未尽 _____，请与接待处负责人王先生联系。

8. 为感谢您的支持和帮助，特 _____ 您及夫人参加本公司庆典活动。

9. 您是这一领域的专家，我们热切期盼您莅临 _____。

10. 南京会展软环境一流，会展 _____ 力排名第五，是国内第一家具有真正意义的会展业协调机构的城市。

二、用书面语改写句子。

1. 我们打算在10月18日上午九时在中山国际大酒店18层会议室举行用户大会。

    _____

2. 我公司的最新产品到时候也要在展览会上展出。

    _____

3. 我们怀着恭敬的心情邀请先生来我们这儿进行指导。

    _____

4．如果还有什么事情需要咨询的，请跟王先生联系。

　　_____

5．我们公司这六年发展真是不一般。

　　_____

6．我们公司在竞争中一天比一天成熟。

　　_____

三、完形填空。

```
                        请  柬

   张宏先生：
       ___1___定于2018年7月15日上午九___2___在海天大酒店一号会议厅___3___
   索飞亚公司成立五周年庆祝大会，敬请___4___，不胜___5___。
       此致
   敬礼！

                                              索飞亚公司（公章）
                                                 2018年7月5日
```

（来源：霍唤民、郁仲平、夏京春，《财经实用写作》，首都经济贸易大学出版社，2000年，有改动。）

四、完成写作任务。

● 任务一：

> 华美公司将于年底举办一场年终答谢晚宴，邀请公司客户参加。请为华美公司设计一份请柬。

● 任务二：

> 为进一步加强合作，推介新产品，飞达公司决定举办一个用户大会，会期两天，邀请公司合作伙伴前来参加。在用户大会上，飞达公司将演示最新研发的产品，此外，还安排了交流发言以及抽奖等活动。请为飞达公司写一份邀请函。

文书知识

一、请柬和邀请信的含义

请柬也叫请帖，邀请信又称邀请书或邀请函。

请柬是一种正规的邀请信。请柬的格式严谨而固定，一般适用于较庄重严肃的场合。

邀请信是邀请亲朋好友或知名人士、专家等参加某项活动时所发的邀约性书信。在国际交往以及日常的各种社交活动中，这类书信使用广泛。邀请信通常适用于一些平常的事情的邀请，而且邀请人与被邀请人比较熟悉。

二、请柬的篇章结构

1．标题。在第一行居中写明"请柬"两个字。"请柬"也常写在封面上。

2．称谓。第二行顶格写上被邀请对象的称谓。常在姓名后加"先生／女士／小姐"，如"王建先生"。

3．正文。一般交代举办活动的时间、地点、内容。结尾处常写上礼节性的恭候语，如"敬请光临""恭候光临""敬请莅临"。有的请柬还写有各种附加语，如"请携柬出席""凭柬入场"等，一般在正文的左下方处。

4．落款。写明邀请单位全称或个人姓名，署名下面一行注明发柬日期。可根据内容正式程度加盖公章。

三、请柬的写作要点及设计

1．内容简明扼要。活动的相关事项既要写得一清二楚，又不能显得烦冗造作。因此，请柬一般都较为简短精练，令人一目了然。

2．措辞典雅得体。请柬要表示出谦恭热情的态度，所以要尽量做到用词恳切得体，恰当运用一些文言词语，更能体现请柬典雅庄重的特色。

3．装帧美观大方。请柬的设计富有艺术性，通常选用富有喜庆色彩的红色纸张，使用美术字体，并配以图案来装饰。发送精美大方的请柬,一方面表示喜庆,另一方面也是对被邀请者的尊重。

四、邀请信的篇章结构

1. 标题。在第一行居中写明"邀请信"三个字,或写明发文事由如"邀请客户参加商展"。

2. 称谓。第二行顶格写上被邀请对象的称谓。姓名后加职务、职称或"先生""女士"。并常用敬辞,如"尊敬的刘明经理"。若邀请对象为单位,则写单位全称。

3. 正文。一般说明邀请的原因,交代举办活动的时间、地点、内容、邀请对象等。活动的各种事宜,如交通路线、接送方式、是否应邀、被邀请对象需准备的材料等也应在正文中交代清楚。结尾处常写上礼节性的问候语,如"我们热烈欢迎您的到来""期待您的光临"。

4. 落款。写明邀请单位全称或个人姓名,署名下面一行注明发文日期。可根据内容正式程度加盖公章。

五、邀请信的写作要点

1. 事项要交代清楚详细。写邀请信是为了邀请有关人员来参加活动,所以写邀请信一定要将有关活动的具体事项交代清楚,这样可以方便被邀请对象了解情况,做好准备。

2. 语言表达要诚恳热情。邀请信的措辞要热情、诚恳,以充分体现出邀请方的诚意,从而达到邀请的目的。

第13课 欢迎词和欢送词

 适用情景

在迎接宾客的仪式、集会、宴会、座谈会等场合,为了表示对宾客的热烈欢迎,主人或主办方要发表讲话,此时使用欢迎词。

当送别宾客的时候,主人或主办方常为宾客举行告别仪式。在告别仪式上,为了表示对宾客的依依惜别之情,主人或主办方要发表讲话,此时使用欢送词。

 文书框架

```
              欢迎词

  来宾称谓:
      表示热烈的欢迎
      说明欢迎的缘由
      再次表示欢迎和祝愿

              致词人或单位名称
                        日期
```

```
              欢送词

  来宾称谓:
      向宾客表示欢送
      表达留恋之情
      再次表示欢送

              致词人或单位名称
                        日期
```

例文分析

📚 例文(一)

旅行团到青岛旅行,阳光旅行社导游致欢迎词和欢送词。

欢迎词

各位朋友：

  大家好！

  首先我代表我们阳光旅行社的全体人员对大家的到来表示热烈的欢迎！同时也感谢大家对我们旅行社的信任和支持！   *表示热烈的欢迎。*

  我叫赵晖，是阳光旅行社的导游，大家可以叫我小赵。今天我能担任本团的导游，认识这么多的朋友，我感到很荣幸！如果大家在途中有什么困难和需要，请及时提出，我会竭诚为大家服务，也希望大家积极配合我的工作。预祝大家旅途愉快，能够高兴而来，满意而归。   *自我介绍。说明注意事项。表达祝愿。*

  谢谢！

赵晖
2018 年 6 月 30 日

欢送词

各位朋友：

  青岛之旅很快就过去了，大家在这几天里结下了深厚的友谊。马上就要分离了，心里有些不舍，但分离是为了下次的相聚。此次旅途中我的服务如果有什么不足之处，还请大家见谅。不管怎样，我都会深深地为大家祝福，祝大家一路平安！并祝大家今后工作顺利，身体健康，万事如意！   *总结收获。表达不舍之情。表示欢送。祝福大家。*

  再次感谢大家！

赵晖
2018 年 7 月 8 日

 词语

1.	代表	dàibiǎo	动词	代替个人或集体办事或表达意见。	represent
2.	信任	xìnrèn	动词	相信而敢于托付。	trust

3.	支持	zhīchí	动词	给以鼓励或赞助。	support
4.	及时	jíshí	副词	立即；马上。	opportunely; in time
5.	竭诚	jiéchéng	副词	全心全意。	wholeheartedly
6.	积极	jījí	形容词	进取的；热心的。	active; energetic; vigorous
7.	配合	pèihé	动词	为一共同任务分工合作，协调一致地行动。	coordinate
8.	深厚	shēnhòu	形容词	（感情）浓厚。	deep
9.	相聚	xiāngjù	动词	会集；聚会。	gather
10.	不足	bùzú	形容词	不够的。	insufficient
11.	见谅	jiànliàng	动词	（书面语）表示请人谅解。	forgive (me)

重点词语与句子例解

预祝大家旅途愉快，能够高兴而来，满意而归。

而：连接状语和中心词，前项表示后项的目的、原因、依据、方式、状态等。高兴而来，满意而归：高兴地来，满意地回去。例如：

(1) 我们要做好各项准备工作，让各位旅客乘兴而来，尽兴而归。

(2) 本次展会成交金额达 6.8 亿元，无论是参展商还是买家都满载而归。

例文（二）

杭州丝绸进出口公司总经理代表公司致欢迎词，欢迎成达公司姜志明先生一行的到来。

欢迎词

尊敬的姜志明先生及一行：

　　首先请允许我代表杭州丝绸进出口公司，并以我个人的名义，对您及您公司一行的到来表示热烈的欢迎。

表示热烈的欢迎。

多年来，我们在丝绸贸易方面通力合作，取得了可喜的成绩。我相信，在今后几年里，我们双方会继续努力，加强合作，使业务联系更加广泛和深入，使我们的友谊更加巩固和充实。

　　在这秋高气爽的美好日子里，谨祝您身体健康，祝我们双方的贸易洽谈圆满、顺利！

杭州丝绸进出口公司
2018 年 10 月 26 日

双方合作的成绩及前景。

祝愿对方。

（来源：陈晓霞、张静，《现代商务文秘写作》，青岛出版社，2002 年。）

成达公司的客人访问结束后即将离开。下面是杭州丝绸进出口公司领导的欢送词。

欢送词

尊敬的女士们、先生们：

　　首先，我代表杭州丝绸进出口公司，对你们访问的圆满成功表示热烈的祝贺。

　　明天，你们就要离开杭州了，在即将分别的时刻，我们依依不舍地向各位道别。大家相处的时间是短暂的，但我们之间的友好情谊是长久的。古人云："来日方长，后会有期。"我们欢迎各位女士、先生在方便的时候再次来杭州做客，相信我们的友好合作会日益加强。

　　祝大家一路顺风，万事如意！

杭州丝绸进出口公司
2018 年 11 月 2 日

祝贺来宾访问成功。

表达留恋之情。
邀请来宾再次访问。

祝愿来宾。

（来源：柯琳娟，《企业（公司）常用文书写作格式与范本》，企业管理出版社，2006 年，有改动。）

词语

1.	允许	yǔnxǔ	动词	答应；同意。	permit
2.	通力	tōnglì	副词	一起出力。	with united strength
3.	可喜	kěxǐ	形容词	令人高兴。	gratifying
4.	巩固	gǒnggù	形容词	坚固，不易动摇。	consolidated; stable
5.	充实	chōngshí	形容词	丰富；充足。	substantial; rich
6.	圆满	yuánmǎn	形容词	十分完满，没有欠缺。	satisfactory
7.	即将	jíjiāng	副词	就要；将要。	soon
8.	依依不舍	yīyī-bùshě	成语	非常留恋，舍不得离开。	be reluctant to part
9.	短暂	duǎnzàn	形容词	（时间）短。	transient
10.	情谊	qíngyì	名词	相互友爱、关切的感情。	friendly feelings
11.	来日	láirì	名词	未来的日子。	days to come

重点词语与句子例解

1. 首先请允许我代表杭州丝绸进出口公司，并以我个人的名义，对您及您公司一行的到来表示热烈的欢迎。

    请允许我……：请您同意我……。用来表示谦卑的语气和态度。例如：

    (1) 首先请允许我代表公司感谢各位参加今天的庆典活动。

    (2) 请允许我介绍今天到会的各位领导和嘉宾。

    "我代表……，并以……名义"是常用于欢迎词开头表示欢迎的句型。以：用、拿，引进动作行为实现的工具、手段等。例如：

    (1) 请允许我代表永达电器厂，并以我个人的名义，向远道而来的贵宾们表示热烈的欢迎！

    (2) 我代表康佳集团，并以我个人的名义，向今天到会的嘉宾表示热烈的欢迎！

    代表：代替个人或单位办理事情或表达意见。常用为"A 代表 B 做某事"。例如：

    (1) 值此新春佳节之际，我代表公司全体员工向所有客户致以节日的问候。

    (2) 此时此刻，我谨代表主办方向前来参加会议的所有嘉宾表示热烈的欢迎。

    以……名义：用某种名称来作为做某事的依据。例如：

    (1) 我只是以个人的名义来参加此次会议的，是否签订合作协议还需要公司决定。

    (2) 我以公司的名义向大家发出邀请，希望下个月能在北京与大家见面。

2. **多年来，我们在丝绸贸易方面通力合作，取得了可喜的成绩。**

……（时间词）来：表示过去到说话时为止的一段时间。例如：

(1) 五年来，我们双方互相合作，共谋发展，取得了佳绩。

(2) 近几年来，我们彼此间有了更多的接触，加深了了解，增进了友谊。

3. **……在即将分别的时刻，我们依依不舍地向各位道别。**

即将：就要；将要。例如：

(1) 史密斯先生此次访问获得圆满成功，即将启程回国。

(2) 在李华总经理一行考察团即将离别之际，我们感到深深的不舍。

4. **古人云："来日方长，后会有期。"**

来日方长，后会有期：未来的日子还很长，我们会有机会再见面的。常在告别的时候使用。

5. **祝大家一路顺风，万事如意！**

一路顺风：一路上都很顺利。常在告别时表示祝愿。此外还有如"祝您旅途愉快""祝大家一路平安"等。

一、选词填空。

短暂	即将	圆满	竭诚	名义
依依不舍	一路平安	支持	深厚	代表

1. 我们非常珍惜我们之间结下的_____友谊。
2. 我们_____为全国客户提供最优质的产品和服务。
3. 在此，向长期关心和_____我们的朋友们表示衷心的感谢！
4. 预祝戴维斯先生及夫人本次访问获得_____成功！
5. 请允许我_____康美集团对你们的到来表示最热烈的欢迎。
6. 我们怀着_____的心情，在这里为大卫先生举行告别晚宴。
7. 谨祝您回国途中_____！
8. 我代表本工厂，并以我个人的_____，向你们表示最诚挚的问候。
9. 在您_____回国之际，我代表公司全体员工向您道别。
10. 尽管大家相处的时间是_____的，但我们之间的美好情谊是长久的。

二、用书面语改写句子。

1. 请先同意让我代表公司热烈欢迎大家的到来。

   _____

2. 希望你们来的时候高兴，回去的时候满意。

   _____

3. 有什么做得不好的地方，还请大家多多原谅。

   _____

4. 他们马上就要动身回国了。

   _____

5. 未来的日子还很长，我们会有机会再见面的。

   _____

三、完形填空。

欢 送 词

尊敬的李明先生、考察小组的各位朋友：

  晚上好！

  时间过得真快，转眼间，李明先生和各位朋友已完成了在我公司的考察工作，明日　1　启程回国。在此，我　2　江南公司全体员工，对你们考察的顺利完成　3　热烈的祝贺！

李明先生和各位朋友在我公司的考察只有___4___的十天时间，但在这十天里，你们和我们朝夕相处，在技术上、管理上给予了我们很多指导，彼此间已结下了___5___的友谊。希望李明先生和各位朋友今后有机会常来我们公司做客，帮助我们进一步改进工作，加速发展。

最后，祝李明先生和各位朋友回国途中一路___6___！

谢谢大家！

四、完成写作任务。

● 任务一：

请根据下面的要求写一份欢迎词。

你是永达公司的总经理，史密斯先生的公司是你们在海外的合作伙伴，通过近年的合作，取得了令人可喜的成就。这次史密斯先生一行特来公司访问，并进一步洽谈业务。请你代表公司，并以你个人的名义欢迎他们的到来。

● 任务二：

请根据下面的要求写一份欢送词。

你是宏祥公司的厂长，永达公司派张工程师到你们工厂进行技术指导和培训。张工程师技术高超，为人友善，深受你厂职工的欢迎。张工程师完成任务，即将返回永达公司。请你代表你厂致欢送词，对张工程师表示感谢和不舍，并请他转告对永达公司总经理的问候。

文书知识

一、欢迎词和欢送词的含义

欢迎词是指在接待或招待客人的正式场合中，主人或主办方发表的表示欢迎之意的致词。欢送词是指在饯行或告别酒会上，主人或主办方发表的表示惜别之情的致词。

二、欢迎词的篇章结构

1．标题。一般只写"欢迎词"三个字，也可在"欢迎词"或"讲话"前加欢迎仪式的名称，如"在永久自行车厂厂庆酒会上的欢迎词""在欢迎青岛市代表团大会上的讲话"。需要注意的是标题只在书面刊登时使用，致词时则不必宣读。

2．称谓。对来宾的称谓要用敬辞。如果来宾很多，要顾及各个方面，可以先突出最重要的客人，再用统称，如"尊敬的张宏董事长先生、尊敬的贵宾们"。也可以依次写出来宾，如"各位领导、各位投标单位代表、各新闻单位、各位朋友"。

3．正文。一般包括三个方面：（1）开头。首先表明自己的身份和代表谁（个人或团体或二者兼有）致词，并对宾客的光临表示热烈的欢迎。（2）主体。阐明宾客来访的目的和意义；赞颂宾客各方面所取得的成就和贡献；可以回顾双方相互交往的历程，表示继续加强合作的意愿，展望美好的前景。（3）结语。再次表示热烈的欢迎和美好的祝愿。

4．落款。写明致词人或单位名称、日期，根据实际情况也可以不署名。不用宣读。

三、欢迎词的写作要点

1．要体现出迎客的诚意。致欢迎词的目的就是为了表示对宾客的热烈欢迎之情，所以欢迎词的写作要感情真挚，热情洋溢，要让所有来宾都能感受到欢迎仪式的亲切、庄重和热烈。

2．要突出尊敬之意。写欢迎词要讲究礼仪，尤其体现在称谓上，要写全姓名，注意使用敬辞，可根据主客关系的疏密加上修饰语，如"敬爱的""尊敬的"等等。

3．语言要言简意赅。欢迎词是一种礼节性的社交公关辞令，篇幅不宜过长，要写得简短，这样能更好地表达对宾客的尊重和礼貌。

四、欢送词的篇章结构

1．标题。一般只写"欢送词"或"告别词"三个字，也可在"欢送词"前加欢送仪式的名称，如"在欢送马丁先生仪式上的欢送词"。与"欢迎词"一样，标题也只在书面刊登时使用，现场讲话时不必宣读。

2．称谓。同"欢迎词"，对来宾的称谓要用敬辞。如"尊敬的史密斯先生、尊敬的史密斯夫人、尊敬的朋友们""尊敬的女士们、先生们"。

3．正文。一般包括三个方面：（1）开头。简要说明仪式内容以及发言人代表谁向宾客表示欢送。（2）主体。称颂宾客来访的意义或者会议等取得的成功；展望未来，对今后进一步增进友谊与合作提出希望。若是欢送个人，还可以表达双方在共事期间彼此结下的深厚的友谊以及分别之后会有的思念之情。（3）结语。表达对宾客的惜别之情和对客人再次来访的期待，并祝愿客人一路顺风。

4．落款。发表欢送词的时候，应该署上致词的单位名称或致词者的身份、姓名以及成文日期。有时落款放在标题下方。

五、欢送词的写作要点

1．要突出惜别之情。写欢送词时要注意把握感情分寸。一方面要写得真心实意，对宾客的依依惜别之情要溢于言表；另一方面，格调又不能显得低沉伤感。

2．要突出尊敬之意。欢送词是出于礼仪的需要而使用的，因此，遣词造句要讲究礼貌。称谓要用全称、尊称，姓名前要加上亲切的修饰性词语或头衔，以表示礼貌和尊敬。

3．篇幅要短小精悍。欢送词常在酒会开始前发表，为避免让宾客久等，欢送词的篇幅不宜过长，要写得短小精悍。

第 14 课 祝酒词

 适用情景

在酒席宴会开始的时候,主人或主办方首先要发表讲话,对来宾表示热烈的欢迎、亲切的问候、诚挚的感谢和衷心的祝愿等,此时使用此类文书——祝酒词。

祝酒词既可以用来表示欢迎(即在酒会上的欢迎词),也可以用来相互祝贺会谈成功、项目投产、工程竣工等。在现代社会,致祝酒词已发展成为一种招待宾客的礼仪。

 文书框架

祝酒词

来宾称谓:
  祝酒的目的和对象
  成绩、作用和意义
  前景和祝愿
  为……干杯!

致词人或单位名称
日期

 例文分析

 例文(一)

中国国际贸易展览会开幕,主办方举行了招待会。下面是祝酒词。

祝酒词

亲爱的女士们、先生们：

晚上好！

中国国际贸易展览会今天开幕了。今晚有机会同各界朋友欢聚一堂，我们感到很高兴。我谨代表中国国际贸易促进委员会青岛市分会和中国国际商会青岛分会，对各位朋友光临我们的招待会表示热烈欢迎！

中国国际贸易展览会自上午开幕以来，已引起我市及外地科技人员的浓厚兴趣。这次展览会在青岛市举行，为来自全国各地的科技人员提供了经济技术交流的好机会。我相信，展览会在推动这一领域的技术进步以及经济贸易的发展方面将起到积极作用。

今晚，各界朋友欢聚一堂，我希望中外同行广交朋友，寻求合作，共同度过一个愉快的夜晚。

最后，请大家举杯，为中国国际贸易展览会的成功举办，为朋友们的健康，干杯！

祝酒的目的，表示欢迎。

举办展览会的意义和作用。

（来源：张小乐，《实用商务文书写作》，首都经济贸易大学出版社，2008年，有改动。）

词语

1.	招待	zhāodài	动词	对宾客给予礼遇和款待。	receive; entertain
2.	引起	yǐnqǐ	动词	一种事情、现象、活动使另一种事情、现象、活动出现。	give rise to; lead to
3.	浓厚	nónghòu	形容词	（兴趣）大。	strong
4.	提供	tígōng	动词	供给；给予。	supply
5.	推动	tuīdòng	动词	使事物前进；使工作展开。	push forward
6.	领域	lǐngyù	名词	社会活动或学术思想的范围。	field

重点词语与句子例解

1. ……展览会在推动这一领域的技术进步以及经济贸易的发展方面将起到积极作用。

    起到……作用：产生……作用。例如：

    (1) 本届洽谈会将为进一步促进我们之间的经济交流与协作起到积极作用。

    (2) 道路基础工程的建设，在改善生产生活和招商引资环境等方面起到了重要作用。

2. ……请大家举杯，为中国国际贸易展览会的成功举办，为朋友们的健康，干杯！

    "请大家举杯""我提议""让我们举杯共祝""为……干杯"都是祝酒词结尾部分的惯用语，用来表达美好的祝愿。例如：

    (1) 在大家欢聚之际，我提议：为我们的真诚合作，为我们的美好明天，干杯！

    (2) 现在，请大家举杯，为今后我们之间的进一步合作，为我们之间日益增进的友谊，为朋友们的健康幸福，干杯！

例文（二）

佳美服装公司举办订货会答谢酒会，感谢各位嘉宾的支持和合作。下面是祝酒词。

佳美服装公司答谢酒会祝酒词

各位来宾、广大经销商朋友们：

大家晚上好！

值此新春佳节来临之际，各位能在百忙之中来到深圳，齐聚于我们佳美服装2018年春夏服装订货会，我们深感荣幸！在此，请允许我代表佳美服装有限公司全体员工，向出席今晚酒会的各位来宾、各位朋友致以最热烈的欢迎和最诚挚的问候！ — 祝酒的目的和缘由。

— 表示欢迎和问候。

佳美服装自1998年创立以来，走过了二十年不寻常的发展历程。二十年来，我们与社会各界朋友尤其是与在座的各位嘉宾建立了深厚的友谊，在大家的关心和支持下，我们的发展日新月异。在刚刚过去的一年里，佳美服装先后荣获了"十佳女装奖""特殊贡献奖"等荣誉称号，这些成绩的取得，离不开在座各位的支持和厚爱。在此，我先敬各位嘉宾一杯酒，感谢大 — 介绍佳美服装品牌的发展历程和取得的成绩。

— 表达感谢。

家多年来对佳美服装一如既往的关爱！谢谢大家！

　　展望 2018，佳美将秉承"专注裙裤，做大做强品牌"的经营宗旨，在新的一年不断推出高品质、高市场占有率的服装，在企业做大做强的同时，让在座的各位也都红红火火、生意兴隆！我们将共同见证中国佳美品牌的成长，让我们举杯共祝：新的一年有新的飞跃，新的耕耘带给我们新的辉煌！

　　最后，提前祝福大家春节愉快、身体健康、合家欢乐、狗年吉祥！

展望未来。

举杯共祝。

祝福大家。

 词语

1.	日新月异	rìxīn-yuèyì	成语	每天每月都有新的变化，形容进步、发展很快。	change for the better day by day
2.	一如既往	yìrú-jìwǎng	成语	与从前完全一样。	as always
3.	秉承	bǐngchéng	动词	承受；接受（旨意或指示）。	take (orders); carry on a tradition
4.	宗旨	zōngzhǐ	名词	主要的目的和意图。	purpose
5.	兴隆	xīnglóng	形容词	兴旺昌盛。	prosperous
6.	飞跃	fēiyuè	动词	事物有质的变化、突破性的发展。	leap
7.	耕耘	gēngyún	动词	比喻辛勤地从事研究、创作等工作。	cultivate

重点词语与句子例解

1. 值此新春佳节来临之际，各位能在百忙之中来到深圳，齐聚于我们佳美服装 2018 年春夏服装订货会，我们深感荣幸！

　　值：书面语，遇着，逢上。值此……之际：在这个……的时候，多指重要节日或重大活动的时候。

　　例如：

　　（1）值此华南公司成立二十周年庆典之际，请允许我代表华南公司，向远道而来的贵宾们表示热烈的欢迎。

(2) 值此辞旧迎新之际，我谨代表山水公司全体员工，向过去一年来支持和帮助我们的各位朋友表示衷心的感谢！

2. 在此，请允许我代表佳美服装有限公司全体员工，向出席今晚酒会的各位来宾、各位朋友致以最热烈的欢迎和最诚挚的问候！

向……致以……；向……表示……。例如：

(1) 我们向默默耕耘、无私奉献在一线的全体干部职工致以衷心的感谢和崇高的敬意！

(2) 在这里，我想借这个场合、这个机会向在座的各位致以真诚的感谢！

3. 二十年来，我们与社会各界朋友尤其是与在座的各位嘉宾建立了深厚的友谊。

尤其：特别是，表示更进一层。例如：

(1) 公司发展到今天，离不开社会各界尤其是广大客户对我们的支持和帮助。

(2) 国内服饰品牌想开拓海外市场并不那么容易，尤其是在那些欧美国家。

4. 在刚刚过去的一年里，佳美服装先后荣获了"十佳女装奖""特殊贡献奖"等荣誉称号，这些成绩的取得，离不开在座各位的支持和厚爱。

离不开：不可能离开。用于后句中说明原因，前句则说明取得的成绩等。例如：

(1) 我厂建厂10年，能取得今天的成绩，离不开老朋友们的真诚合作和大力支持。

(2) 福建分公司的发展和进步，离不开在座各位领导和同仁的关心、支持和帮助。

5. 最后，提前祝福大家春节愉快、身体健康、合家欢乐、狗年吉祥！

狗年：中国传统以十二生肖即鼠、牛、虎、兔、龙、蛇、马、羊、猴、鸡、狗和猪来纪年，十二年为一轮。如2018年是狗年，2022年是虎年。

综合训练

一、选词填空。

| 引起 | 耕耘 | 见证 | 飞跃 | 尤其 |
| 致以 | 兴隆 | 秉承 | 推动 | 提供 |

1. 今天，带大家走进雪花啤酒，_____一瓶雪花啤酒的诞生。

2. 我们将_____"质量一流，服务一流"的经营宗旨，不断推出高品质的产品。

3. 我代表杭州电力公司对社会各界给予的大力支持 _____ 衷心的谢意！
4. 在新春佳节即将来临之际，祝在座各位在新的一年身体健康，生意 _____。
5. 这次展览会，将进一步 _____ 我们共同发展，携手走向世界。
6. 在此，我们向默默 _____、无私奉献的全体员工表示崇高的敬意！
7. 本届展览会为来自世界各地的技术人员 _____ 了交流的好机会。
8. 本次贸易洽谈会的成功举办，也 _____ 了海内外媒体的浓厚兴趣。
9. 企业 _____ 是中小企业融资难，一直是困扰企业发展的一个难题。
10. 在这 20 年间，中资金融机构经历了从起步到繁荣的 _____。

二、用指定词语改写句子。

1. 新年马上就要到了，祝大家身体健康，万事如意！（值此……之际）

   _____

2. 希望大家今后跟从前一样地支持我们！（一如既往）

   _____

3. 观展客商和市民对新产品的兴趣很大。（引起……浓厚兴趣）

   _____

4. 在大家的共同努力下，我们的工作天天更新，月月不同。（日新月异）

   _____

5. 这个项目的合作成功对我们双方的发展都会有很好的作用。（对……起到积极作用）

   _____

三、完形填空。

祝酒词

尊敬的各位来宾、女士们、先生们：

值此新年___1___，我们以最真诚的感谢、最真挚的祝福在这里举办迎新春答谢客户酒会。首先我代表飞天科技大厦向一直给予我们支持和厚爱的新老客户表示谢意，并祝各位在新的一年里身体健康、工作顺利、生意___2___、万事如意！

过去的一年是我们快速发展的一年，在集团公司的领导下、在各位客户公司老总的支持下，经过我们全体员工的共同努力取得了一定的成绩。我们顺利通过国家建设部关于国家级示范大厦的复检，获得了"物业管理先进单位"的___3___称号，客户对大厦各项服务满意率又有新的上升。

在新的一年里我们将继续努力，不断取得新的突破，来回报广大客户的厚爱。我们将以百倍的努力和崭新的精神风貌为您提供更加___4___的服务，我相信经过我们相互支持、友好合作，我们一定能实现双赢的目标。让我们携手奔向美好的明天！

再次___5___全体客户及各公司员工新年快乐、万事如意，工作生活各方面都蒸蒸日上！

最后，为共度一个愉快的夜晚，为员工们、同志们的身体健康，请大家举杯，___6___！

四、完成写作任务。

● 任务一：

蓝天公司将为成立十周年举行一系列的庆祝活动。在招待晚宴上，你代表公司致祝酒词，向来宾表示热烈的欢迎和亲切的问候。在祝酒词中，你要简要回顾公司的发展历程，并衷心感谢大家的支持。

● 任务二：

> 在新年来临之际，迅达公司举办新年晚宴，邀请公司全体员工参加。你是公司的总经理，你代表公司致祝酒词，感谢大家一年来的辛勤工作，并向大家拜个早年。

 文书知识

一、祝酒词的含义

祝酒词是指在宴会开宴前所发表的表示诚挚欢迎、感谢、问候和祝愿的讲话。

二、祝酒词的篇章结构

1．标题。一般只写"祝酒词"三个字，也可以在"祝酒词"前加致词人和致词场合，如"飞天集团董事长在冷餐会上的祝酒词"，或省略致词人，如"在生产基地工程开工庆典仪式午宴上的祝酒词"。标题只在书面刊登时使用，致词时不必宣读。

2．称谓。对出席酒宴宾客的称谓常用泛称，可以根据与会者的身份来定，如"各位女士""各位先生""朋友们"等。为了表示热情和亲切、友好之意，前面可以加修饰语"亲爱的""尊敬的""尊贵的"等。

3．正文。一般包括三个方面：(1) 开头。祝酒词的目的和对象，一般写致词人（或代表谁）在什么情况下，向出席者表示欢迎、感谢和问候。(2) 主体。联系酒会内容，回顾过去，概括成就以及发展变化。(3) 结语。展望前景，表达祝愿。最后常用"为……干杯"等惯用语。

4．落款。在正文下面右下方可写明致词机关、人物的名称和日期。如果在标题中已经写明，则此处不必再落款。正式致词时不用宣读落款内容。

三、祝酒词的写作要点

1．突出祝愿性。祝酒词主要是表达美好的祝愿，写作时要突出祝愿合作成功或祝愿未来更美好、幸福等内容。

2．感情真挚饱满。祝酒词要充满喜悦、赞美之情，要满怀诚意地表达自己的良好祝愿，创造出一种友好、轻松、热烈的气氛，能令对方感受到愉快和温暖，受到激励和鼓励。

3．语言雅俗共赏。语言要深入浅出，雅俗共赏，便于交际场合朗读、演说，即上口、好读。同时，祝酒词的语言还要求简洁明快，避免长篇大论，东拉西扯。

第15课　答谢词

适用情景

在宴会、招待会等特定的公共场合，主人或主办方致欢迎词或欢送词之后，客人要发表讲话，对主人的热情招待和给予的关照等表示谢意，此时使用此类文书——答谢词。

文书框架

答谢词

答谢对象及来宾称谓：
　　致以衷心的感谢
　　说明访问收获、称赞对方等
　　再次感谢，表达祝愿

致谢人或单位名称
日期

例文分析

例文（一）

博达公司代表团对光远集团首次进行了访问，通过访问，双方建立了友好的合作关系。下面是代表团团长的答谢词。

答谢词

尊敬的张伟先生、尊敬的光远集团的朋友们：

　　首先，请允许我代表博达公司代表团全体成员对张伟先生及光远集团对我们的盛情接待表示衷心的感谢！　　　　　　　　　表示感谢。

　　我们一行五人代表博达公司首次来贵地访问，此次来访虽然时间短暂，但收获颇丰。仅三天时间，我们对贵地的电子业有了比较全面的了解，与贵公司建立了友好的技术合作关系，并成功地洽谈了电子技术合作事宜。这一切，都得益于贵公司的积极配合和大力支持，对此，我们表示衷心的感谢。　　　　　　访问的内容及收获。

评价对方的安排。

　　电子业是新兴的产业，蒸蒸日上，有着广阔的发展前景。贵公司拥有一支由网络专家组成的庞大的人才队伍，技术力量相当雄厚，在网络工作站技术市场中一枝独秀。我们有幸与贵公司建立友好的技术合作关系，这为我地电子业的发展提供了新的契机，必将推动我地的电子业迈上一个新台阶。　　　　　　颂扬对方的成就，展望合作的前景。

　　最后，我代表博达公司再次向光远集团公司表示感谢，并祝贵公司迅猛发展，再创奇迹！更希望彼此继续加强合作，共创明天。　　　　　　再次感谢。

　　最后，为我们之间正式建立友好合作关系，为今后我们之间的密切合作，干杯！　　　　　　表达祝愿。

博达公司
2018年9月16日

（来源：王磊、刘明达，《商务文书格式与范例大全》，广东经济出版社，2002年，有改动。）

词语

1.	盛情	shèngqíng	名词	深厚的情谊。	boundless hospitality
2.	新兴	xīnxīng	形容词	最近兴起的。	newly emerging
3.	广阔	guǎngkuò	形容词	广大宽阔。	broad; vast

4.	前景	qiánjǐng	名词	将要出现的景象。	prospect
5.	拥有	yōngyǒu	动词	领有；具有。	possess; have; own
6.	庞大	pángdà	形容词	表示形体、组织、数量等大大超过惯常的范围或标准。	enormous; gigantic; huge
7.	雄厚	xiónghòu	形容词	指人力、物力等非常充足。	rich; solid; abundant
8.	一枝独秀	yìzhī-dúxiù	成语	其他花没有开放，只有这一枝在开着。形容在同类事物中最为突出，最为优秀。	only one branch of the tree is thriving—outshine others
9.	契机	qìjī	名词	机会，事物转折变化的关键。	turning point; juncture
10.	迅猛	xùnměng	形容词	迅速猛烈。	swift and violent

重点词语与句子例解

1. 这一切，都得益于贵公司的积极配合和大力支持……

   得益于：从……方面得到好处。例如：

   (1) 公司2017年度业绩大增，主要得益于各伙伴公司的大力支持。

   (2) 公司的成功得益于创新，创新给公司提供了强大的动力。

2. 贵公司拥有一支由网络专家组成的庞大的人才队伍，技术力量相当雄厚，在网络工作站技术市场中一枝独秀。

   一枝独秀：形容在同类事物中最为突出，最为优秀。例如：

   (1) 贵公司设备先进，技术一流，在电器行业中一枝独秀。

   (2) 贵公司的产品性能优越，造型美观，在同类产品中可谓一枝独秀。

3. 我们有幸与贵公司建立友好的技术合作关系，这为我地电子业的发展提供了新的契机，必将推动我地的电子业迈上一个新台阶。

   迈上一个新台阶：比喻有新的发展、新的突破。例如：

   (1) 本市首家五星级茶馆于昨日挂牌，这标志着本市茶馆业迈上了一个新台阶。

   (2) 希望通过学习贵公司的经验，我们公司在技术上能迈上一个新台阶。

📚 例文（二）

来自大西北的参观团到汇品饮料厂了解生产情况，学习宝贵经验。在汇品饮料厂举办的欢迎仪式上，参观团团长致答谢词。

答谢词

尊敬的王宏伟部长、公关部的各位朋友们：

  我们今天初临贵境，刚下飞机就得到你们的热情接待，刚才王部长还给我们详细介绍了贵厂的情况和经验。在此深表感谢！   感谢对方的热情接待。

  贵饮料厂生产的健康饮料，因质量上乘和慷慨捐助群众性体育活动而闻名全国。虽然我们远在千里之外的大西北，但贵饮料厂的名声也早已如雷贯耳。我们这次慕名远道而来，就是想要学习你们的创新思想和宝贵经验。刚才王部长介绍的三条经验已经使我们感到耳目一新。相信在接下来的参观访问中，我们一定还能学到更多的东西。   称赞对方。

  说明来访的目的。

  我们参观团的成员来自各个企业，有做电器的、做机械的、做家具的等等，尽管不全是做饮料的，但是我们相信，你们的宝贵经验对我们都会有极大的帮助和启发。   来访的意义。

  再次感谢东道主的盛情款待！

  谢谢大家！   再次感谢。

李勇
2018 年 5 月 9 日

（来源：梅雨霖、梅薇薇，《商务文书·规范写作大全》，广西人民出版社，2008 年，有改动。）

 词语

1.	详细	xiángxì	形容词	周全细致。	detailed
2.	上乘	shàngchéng	形容词	质量好或水平高。	first-class
3.	慷慨	kāngkǎi	形容词	大方；不吝惜。	generous
4.	捐助	juānzhù	动词	拿出钱物来帮助。	donate

5.	闻名	wénmíng	动词	有名气。	be well-known
6.	如雷贯耳	rúléiguàn'ěr	成语	像雷声传入耳朵，形容名声很大。	like a thunderclap piercing the ear—(of sb's name) resound in one's ears
7.	宝贵	bǎoguì	形容词	极有价值；珍贵。	valuable
8.	耳目一新	ěrmù-yìxīn	成语	听到的或看到的都换了样子，感到新鲜。	find everything fresh and new
9.	东道主	dōngdàozhǔ	名词	请客、接待的主人。	host
10.	款待	kuǎndài	动词	亲切优厚地招待。	treat cordially

重点词语与句子例解

……尽管不全是做饮料的，但是我们相信，你们的宝贵经验对我们都会有极大的帮助和启发。

尽管……但是……；虽然……但是……。例如：

(1) 尽管是第一次合作，但是这次合作给我们彼此都留下了美好的回忆。
(2) 尽管路途遥远，但是每当我们遇到难题，他们都不远千里来进行指导。

综合训练

一、选词填空。

| 宝贵 | 庞大 | 详细 | 闻名 | 款待 |
| 拥有 | 广阔 | 迅猛 | 盛情 | 雄厚 |

1. 我谨代表飞达集团对贵公司的_____款待表示感谢！
2. 我们之间的经贸合作，商机无限，前景_____，希望能共同创造更美好的明天。
3. 华诺在消毒柜品类研发上_____较大的技术优势。
4. 公司_____的实力和良好的品牌形象可以吸引更多的优秀人才加盟。
5. 建筑行业市场规模_____，企业数量众多，行业竞争激烈。
6. 会所负责人张女士_____介绍了会所配套情况，欢迎朋友们光临。
7. 洽谈会期间我们受到了一帆公司的热情_____，在此深表感谢！
8. 这些我们熟知的品牌都是因为有各自的特色和优点而_____世界。
9. 感谢贵公司给我们提供了_____的学习机会。

10．相信在客户、员工和投资人的大力支持下，亿采网的发展将更为_____。

二、用书面语改写句子。

1．有了客户们的大力支持，推动了公司发展壮大了。
_____

2．你们公司技术力量雄厚，在网络工作站技术市场中是非常厉害的。
_____

3．我们今天是第一次来到你们这个地方，刚下飞机就得到你们的热情接待。
_____

4．你们很有名，我们非常仰慕，所以来你们这儿，向你们学习宝贵经验。
_____

5．再次感谢主人那么热情地请我们吃饭。
_____

三、完形填空。

答谢词

女士们、先生们：

　　我感谢尊敬的王经理__1__友好的讲话，也__2__在座的女士们、先生们诚挚的欢迎。贵公司成就卓越，声名远扬。今天，我能有__3__访问贵公司，感到十分荣幸。

　　我很高兴看到我们之间的业务合作关系不断取得进展，也很高兴看到我们之间的友谊在不断加深。我__4__，在今后的日子里，我们的关系会更加密切友好。

　　__5__，我对各位给予的热情欢迎和盛情__6__，再次深表谢意，并祝各位身体健康，事业顺利！

（来源：陈晓霞、张静，《现代商务文秘写作》，青岛出版社，2002年。）

四、完成写作任务。

● 任务一：

> 蓝天公司与你们公司有着长期的合作关系，应对方的邀请，你率团到蓝天公司进行为期五天的参观访问。在对方的欢送会上，你代表访问团全体成员致答谢词，感谢对方在你们访问期间的盛情款待和周到安排。

● 任务二：

> 博达公司技术力量雄厚，是行业的领头军，因此，你带领公司技术人员去博达公司学习先进技术和宝贵经验。你们到访的第一天，博达公司举办了热情的欢迎宴会。请你代表参观团向对方致答谢词。

文书知识

一、答谢词的含义

答谢词是指在公共场合，对别人的帮助、招待或欢迎表示谢意时的致词。

二、答谢词的篇章结构

1．标题。一般写"答谢词"三个字，或可写明致词对象、致词场合、致词人，如"致张明先生的答谢词""王强在新技术研讨会上的答谢词"。

2．称谓。对答谢对象和来宾的称谓常用泛称，如"女士们、先生们"。为了表示亲切、友好之意，前面可以加修饰语，如"尊敬的各位领导""亲爱的代表们""尊敬的张明先生、尊敬的中国电子科技集团公司的朋友们"。

3．正文。一般包括三个方面：（1）开头。向对方致以衷心的感谢。一般写在什么场合、代表谁以及向谁表示感谢。（2）主体。先用具体的事例，对主人所做的安排给予高度的评价，或对访问对方所取得的收获给予充分的肯定。然后，谈谈自己的感想和心情，如颂扬主人的成就和贡献，阐发访问成功的意义，表达对对方的美好印象等。（3）结语。再次表示谢意，同时表达美好的祝愿。

4．落款。署上致谢人名字或单位全称以及日期。

三、答谢词的写作要点

1．表达诚挚的谢意。答谢词的重点是要表达出对对方的衷心感谢之情，言辞中要体现出真挚的感情，并注意礼貌周到。

2．注意照应欢迎词。答谢词是在主人致词之后。作为客人应该有相应的反应，体现在答谢词中，就是要与欢迎词的某些内容呼应，这是对主人的尊重。

3．篇幅力求简短。与欢迎词、欢送词一样，答谢词的语言也要力求简练活泼，篇幅不宜冗长拖沓，以免影响现场气氛。

第 16 课 开幕词和闭幕词

 适用情景

在会议或活动开幕和闭幕的时候，要请主要领导人或德高望重的权威人士发表讲话，这就是开幕词和闭幕词。有的开幕词带有欢迎性质，相当于欢迎词。

开幕词是会议的序曲，是大会正式召开的标志，集中体现了会议的指导思想和宗旨。闭幕词是会议的最后一项议程，是对会议的总结性发言，标志着整个会议或活动的结束。

一般来说，致开幕词和闭幕词的不是同一个人，但两人身份、地位相当。

 文书框架

```
       开幕词

对与会者的称谓：
    宣布会议开幕
    阐明会议的宗旨等
    表达希望和祝愿


                   致词人
                   日期
```

```
       闭幕词

对与会者的称谓：
    说明会议完成任务
    概括总结会议
    宣布会议闭幕


                   致词人
                   日期
```

 例文分析

 例文（一）

下面是移动通信公司抽奖活动的开幕词。

移动通信公司抽奖活动的开幕词

各位来宾朋友们：

大家好！

在这美丽的初夏时节，作为本次全球通 VIP 俱乐部会员大型抽奖活动的主办单位，我公司对本次活动的各协办方给予的大力支持表示最衷心的感谢，对各位来宾和朋友们的光临表示最热烈的欢迎！   *表示感谢和欢迎。*

我公司一贯非常重视客户服务工作。长期以来我们与各界朋友们建立起了良好的客户关系，在开展丰富业务合作的同时，也更加注重广大会员不同需求的延伸服务。希望在今后的日子里，我们同客户的合作能够再上一个更高的台阶。   *公司的服务理念。*

今天，我公司选择抽奖这种回馈客户的形式，目的在于为我们的业务和服务向更深一步发展奠定基础，让更多的全球通会员客户了解中国移动的企业文化，进一步了解我公司，提高对我公司的认识。   *说明活动的目的。*

我们真诚地希望，通过本次活动能够加强公司同客户之间的沟通与交流，增进彼此的友谊，并且和广大的朋友们缔结更为紧密、互动、共赢的联盟。同时，我们也希望以本次活动为平台，使今天到场的每位来宾彼此间建立起更广泛的联系与合作，促进大家共同发展、共同进步。   *表达希望。*

希望各位来宾朋友们能够度过一个精彩而又难忘的周末！

最后，预祝本次活动圆满成功！   *表达祝愿。*

谢谢大家！

赵光明
2018 年 9 月 15 日

词语

1.	抽奖	chōujiǎng	动词	用抽签的方式确定获奖者、奖项或奖品。	draw a lottery or raffle

2.	主办	zhǔbàn	动词	主持办理。	host
3.	协办	xiébàn	动词	协助办理。	make a concerted effort
4.	重视	zhòngshì	动词	看重。	attach importance to
5.	注重	zhùzhòng	动词	重视。	pay attention to
6.	延伸	yánshēn	动词	延展伸长。	extend
7.	回馈	huíkuì	动词	回赠。	present sth. in return
8.	奠定	diàndìng	动词	使稳固；使安定。	make firm or stable
9.	缔结	dìjié	动词	订立条约、协定等。	conclude
10.	联盟	liánméng	名词	政党、团体、个人为一定目的组成的联合体。	alliance
11.	广泛	guǎngfàn	形容词	涉及的方面广，范围大。	extensive; widespread
12.	促进	cùjìn	动词	推动使发展进步。	promote

重点词语与句子例解

1. 今天，我公司选择抽奖这种回馈客户的形式，目的在于为我们的业务和服务向更深一步发展奠定基础……

   在于：指事物的本质所在，相当于"就是"。例如：

   (1) 我认为提升网站权重的重点在于如何提升网站的用户体验。

   (2) 并购能否成功的关键在于能否进行效率的提升、成本的减少和文化的融合。

2. 同时，我们也希望以本次活动为平台，使今天到场的每位来宾彼此间建立起更广泛的联系与合作，促进大家共同发展、共同进步。

   以……为……：把……作为……。例如：

   (1) 京东要以电竞为立足点打开年轻人的市场。

   (2) 本届展会以"旅游新品·智行天下"为主题，吸引了上千家企业参展。

3. 最后，预祝本次活动圆满成功！

   "预祝……圆满成功"，这是开幕词结尾的惯用语。例如：

(1) 最后,预祝中国国际贸易展览会圆满成功!
(2) 最后,预祝浙江省出口商品洽谈会取得圆满成功!

 例文(二)

下面是2004年上海国际公共关系峰会的闭幕词。

2004上海国际公共关系峰会闭幕词

尊敬的巴珐尼女士、尊敬的卡若·高尼女士、各位来宾、各位同仁、女士们、先生们:

首先,我代表上海市公共关系协会对出席2004上海国际公共关系峰会的中外来宾表示衷心的感谢!特别要感谢新加坡公共关系协会主席巴珐尼女士和她的代表团,感谢美国公关协会总干事卡若·高尼女士的出席,感谢内蒙古、贵州、广东、福建、安徽等省和自治区公关协会,香港公关从业人员协会以及全国各地同仁和企业家的支持! —— 向出席会议的来宾一一表示感谢。

今天,围绕"沟通、品牌、竞争力"这一主题,我们大家分享了11位中外演讲嘉宾的智慧和经验。通过一天紧张而有序的互动交流,我相信,大家对上海城市的发展有了新的了解;对公共关系与媒体传播的内在联系有了更多的认识;对公共关系在推动企业品牌建设中的重要作用会更加明确;对公共关系这个行业的发展前景会更加看好。大家一定会充满信心地去面对各种挑战。 —— 概述会议取得的成果,简要说明会议的意义和作用。

中国的公共关系业已经迎来了健康发展的大好时机,让我们携手合作,互相学习,为公关业更加繁荣的明天而共同努力。 —— 提出希望。

现在,我宣布:2004上海国际公共关系峰会到此闭幕。 —— 宣布会议闭幕。

谢谢大家!

上海市公共关系协会
2004年11月5日

(来源:吴绪久,《实用写作》,科学出版社,2005年,有改动。)

词语

1.	峰会	fēnghuì	名词	最高级会议；首脑会议。	summit meeting
2.	公共关系	gōnggòng guānxì		指团体、企业或个人在社会活动中的相互关系。简称公关。	public relations
3.	围绕	wéirào	动词	以某个问题或事情为中心。	center on
4.	分享	fēnxiǎng	动词	和他人共同享受。	share
5.	智慧	zhìhuì	名词	辨析判断、发明创造的能力。	wisdom
6.	传播	chuánbō	动词	传送或散布。	disseminate
7.	繁荣	fánróng	形容词	经济或事业蓬勃发展。	flourishing
8.	宣布	xuānbù	动词	正式告诉（大家）。	declare; announce

重点词语与句子例解

1. 感谢内蒙古、贵州、广东、福建、安徽等省和自治区公关协会，香港公关从业人员协会以及全国各地同仁和企业家的支持！

   以及：连接并列的词组或分句，表示联合关系，后面有时是较次要的部分。例如：

   (1) 在此，我代表公司感谢广大客户的热情支持以及朋友们的倾情相助。

   (2) 本次客户答谢会向与会客户介绍了中国人寿财险的企业文化以及家庭必备产品。

2. 今天，围绕"沟通、品牌、竞争力"这一主题，我们大家分享了11位中外演讲嘉宾的智慧和经验。

   围绕：以某个问题或事情为中心。例如：

   (1) 我公司围绕"雅姿十周年庆典"展开了雅姿品牌系列推广活动。

   (2) 公司围绕"帮助全人类沟通"的主题，举办了此次研讨会。

3. 现在，我宣布：2004上海国际公共关系峰会到此闭幕。

   "现在，我宣布：……闭幕"，这是闭幕词结尾的惯用语。例如：

   (1) 现在，我宣布，2016广东互联网大会圆满闭幕！

   (2) 现在，我宣布，中国作家协会第九次全国代表大会胜利闭幕！

一、选词填空。

| 奠定 | 促进 | 回馈 | 围绕 | 分享 |
| 广泛 | 联盟 | 重视 | 传播 | 延伸 |

1. 国美 _____ 公益活动，以自身行动为企业树立良好形象。
2. "新华保险二十周年客服节"开幕，投入多，_____ 力度大。
3. 海南旅游业的蓬勃发展给当地酒店业发展 _____ 了良好的市场基础。
4. 中国东方航空公司与上海迪士尼缔结为战略 _____ 关系。
5. 行业专家以及企业高管聚焦本次论坛主题，进行了 _____ 深入的讨论。
6. 我们将提供高效优质服务，_____ 参展商和采购商的交流与合作。
7. 从事商贸、投资等相关领域的中外专家在论坛上 _____ 了自己的经验。
8. 我们要努力创新对外 _____ 方式，大力拓展对外传播渠道。
9. 目前公司业务网络已由大连 _____ 至沈阳、苏州等地区。
10. 本届数博会 _____ 数字经济、人工智能等七大板块，共举办了77场论坛。

二、用指定词语改写句子。

1. 过端午节更重要的意义就是文化传承。（在于）

   _____

2. 双方订立合约，正式成为战略开发合作伙伴。（缔结）

   _____

3. 本届交易会的主题是"创新驱动，质量引领"。（以……为……）

   _____

4. 他向到场嘉宾、参展商和所有观众表达了衷心的感谢。（以及）

   _____

5. 现在，我正式告诉你们，2017年度水果展销会结束了。（宣布；闭幕）

___

三、完形填空。

第六届全国连锁行业大会__1__词

尊敬的各位来宾、女士们、先生们：

　　大家上午好！

　　__2__我代表中国连锁经营协会对出席本届会议的各级领导、会员企业代表、国内外来宾表示热烈的欢迎和衷心的感谢。

　　时间的脚步匆匆，从1999年中国连锁经营协会在上海__3__第一届连锁业会议开始，到现在已经是第六届了。今天，当我们再一次相聚在这一年一度的连锁业盛会时，我们的心情比往年更加激动。新的时代，新的挑战，什么样的问题需要探讨，什么样的机遇需要把握，这就是本届连锁会__4__大家共同探讨的主题。在本届会议上，我们将会更加详细地了解到政府对零售业、连锁业发展的最新政策和动向，共同探讨中国零售业的机遇与挑战这一热点__5__。

　　今天，连锁业的精英__6__在这里。让我们满怀信心和希望，去迎接连锁经营发展新时代的到来。

　　最后，预祝第六届全国连锁行业大会取得圆满成功！谢谢！

中国连锁经营协会
2005年4月6日

四、完成写作任务。

● 任务一：

请根据下面的要求写一份开幕词。

　　临近年底，飞达公司举办一年一度的职工代表大会。你是公司领导，要在大会开幕式上致开幕词。在开幕词中，你将回顾公司一年来的发展情况，提出今后的奋斗目标，并向全体职工表示感谢。

● 任务二：

请根据下面的要求写一份闭幕词。

> 上海第十届出口商品博览会达到了预期的目标，取得了圆满成功。在闭幕式上，你代表主办方致闭幕词，概括总结本届博览会的成果，说明博览会的作用，期待下一届博览会更加精彩。

文书知识

一、开幕词和闭幕词的含义

开幕词是会议开始时，由大会主持人或主要负责人首先发表的阐述会议的意义、议程等内容的概括性讲话。

闭幕词是在会议结束时，由大会主要负责人或主席团重要成员最后所做的总结性讲话。

二、开幕词和闭幕词的篇章结构

1. 标题。一般由会议名称和文种构成，如"洽谈会开幕词""移动通信公司抽奖活动的闭幕词"。有的标题由致词人、会议名称和文种构成，如"在中国国际贸易展会开幕式上的讲话"。也有的只写"开幕词""闭幕词"。

2. 称谓。对参加会议人员的概括性称谓。可根据会议性质、与会者身份来确定称谓以及称谓的修饰语。如"女士们、先生们""各位代表、各位来宾"等。

3. 正文。

开幕词：

（1）开头。一般开门见山地宣布会议开幕，有时还要交代会议筹备经过和说明参会人员的情况，或者介绍出席会议的领导和来宾姓名，并对会议的召开及对与会人员表示祝贺。

（2）主体。是开幕词的重心部分，主要内容：①阐明会议的指导思想和宗旨，以便于与会者交流讨论。如：概括说明召开会议的历史背景，简要回顾过去；概括当前形势，讲明召开会议的意义所在；提出今后的奋斗目标，说明会议的预期目标等。②交代会议的中心议题，宣布大会的议程，便于与会者把握会议进程。可根据会议性质有所侧重。

（3）结语。向与会者提出希望，表示祝愿，最后以"预祝大会圆满成功"作为结束语。

闭幕词：

（1）开头。简要说明会议是否达到了预期目标。

（2）主体。主要是对会议进行概括性总结，包括会议的进展情况、完成的议题、取得的成果、会议的意义和影响等，并提出贯彻会议精神的要求和希望。

（3）结语。对与会人员表示感谢，宣布会议结束，最常见的是"现在，我宣布，××××大会闭幕。"

4．落款。署上致词人或单位以及日期，也可将署名和日期置于标题之下。

三、开幕词和闭幕词的写作要点

1．富有号召性和鼓动性。开幕词和闭幕词要把与会人员的积极性充分调动起来，因而行文要充满热情，语气坚定有力，能够鼓舞士气，增强与会人员的信心。

2．语言简洁准确，篇幅短小精悍。无论开幕词还是闭幕词，都要注意主旨集中，重点突出，用准确精炼的语言予以概括，而不必展开论说，篇幅也不宜过长。

第 17 课　贺信

当对方某一项任务获得成功,或召开某一个重要会议,或举行盛大的庆典活动,或庆祝某个节日或某个重要人物的寿辰等时,使用此类文书——贺信。

贺信可以宣读,可以通过邮寄送达对方,也可以刊登在报纸上。

> ## 贺　信
>
> 被祝贺单位或个人的称谓:
> 　　表示祝贺
> 　　说明祝贺的事实
> 　　表达希望和祝愿
>
> 祝贺单位或个人
日期

例文(一)

在汇昌进出口贸易公司与红旗公司双方签订贸易协议五周年纪念日前夕,汇昌进出口贸易公司向红旗公司发贺信祝贺。

贺 信

红旗公司：

　　值此贵我双方签订贸易协议五周年纪念日之际，我们感到极大的欣慰，并表示热烈的祝贺！回忆在那些市场激烈波动的日子里，贵我双方多次密切合作，克服了不少困难，使我国商品在贵国获得了广泛而稳定的销路。这与贵方的不懈努力是分不开的。希望来年贵我双方能更好地执行这份协议。相信通过双方共同努力、密切配合，定能达到这一目标。

　　祝贵公司事业兴旺发达！

汇昌进出口贸易公司
2018 年 5 月 2 日

表示祝贺。

回忆合作过程并称赞对方。

提出希望。
祝愿对方。

（来源：陈晓霞、张静，《现代商务文秘写作》，青岛出版社，2002 年，有改动。）

 词语

1.	回忆	huíyì	动词	回想。	recall
2.	激烈	jīliè	形容词	剧烈；猛烈。	intense; fierce
3.	波动	bōdòng	动词	像波浪那样起伏不定；不稳定。	fluctuate
4.	克服	kèfú	动词	用坚强的意志和力量战胜。	put up with
5.	稳定	wěndìng	形容词	稳固安定；没有变动。	stable
6.	不懈	búxiè	形容词	不松懈，不懈怠。	unremitting

重点词语与句子例解

1. 值此贵我双方签订贸易协议五周年纪念日之际，我们感到极大的欣慰，并表示热烈的祝贺！

　　"值此……之际，我们……表示热烈的祝贺""值此……之际，我代表……向你们致以热烈的祝贺"或"欣闻／获悉……的消息，谨表示／致以热烈的祝贺"，这是贺信开头的惯用句式，以此开宗明义，直接点明向谁祝贺、祝贺什么、为什么祝贺。例如：

(1) 值此贵公司成立十周年之际，我代表上海华贸公司向你们致以热烈的祝贺！

(2) 获悉贵公司成立公益事业部的消息，谨表示热烈的祝贺！

2. 贵我双方多次密切合作，克服了不少困难，使我国商品在贵国获得了广泛而稳定的销路，这与贵方的不懈努力是分不开的。

与……分不开：跟……不能分开。 例如：

(1) 我们公司有今天的成绩，与贵公司的支持和帮助是分不开的。

(2) 我们一直合作得非常愉快，这与双方的相互信任和相互尊重是分不开的。

3. 祝贵公司事业兴旺发达！

这是贺信结尾表示祝愿的惯用句式。其他还有如"祝取得更大的成绩""祝取得更大的成功""祝愿前景更美好""祝贵公司繁荣昌盛，蓬勃发展""祝开业大吉，生意兴隆""祝愿阁下在新的岗位上取得更大的成就""祝愿阁下及家人新年万事如意"等祝贺信中的结尾惯用语。

例文（二）

上海贸易有限公司董事长李毅发贺信祝贺杨立意就任嘉华公司总裁。

祝贺函

尊敬的杨立意总裁：

　　欣闻您就任嘉华公司总裁，我谨代表上海贸易公司和公司全体人员向您表示诚挚的祝贺和美好的祝愿！　　　　　　　　　表示祝贺。

　　上海贸易有限公司与贵公司互为友好单位，长期以来建立了　　回顾双方的合作。
良好的合作关系，彼此在各业务领域的交流与合作取得了长足进展。
我们无比珍惜贵我双方业已建立的兄弟般的友情，并愿与您和贵公
司进一步紧密合作，深化双方在业务创新、人才交流、管理水平等　　表达希望。
方面的沟通与互利合作，相互取长补短，巩固和发展两公司之间的
友谊，共同谱写上海贸易有限公司与嘉华公司友好和全面合作的新
篇章！

上海贸易有限公司

董事长 李毅

2013 年 11 月 26 日

词语

1.	长足	chángzú	形容词	形容进展迅速。	rapid
2.	紧密	jǐnmì	形容词	关系非常密切。	inseparable
3.	深化	shēnhuà	动词	使向更深的阶段发展。	deepen
4.	取长补短	qǔcháng-bǔduǎn	成语	吸取长处来弥补短处。	draw on others' strong points to overcome one's own weakness
5.	谱写	pǔxiě	动词	写作（乐曲等）。	compose

重点词语与句子例解

1. 欣闻您就任嘉华公司总裁，我谨代表上海贸易有限公司和公司全体人员向您表示诚挚的祝贺和美好的祝愿！

    欣闻：很高兴地听说。例如：

    (1) 欣闻先生荣获突出贡献奖，谨致以最热烈的祝贺！

    (2) 欣闻王总升任董事长一职，我们深表祝福。

2. 我们无比珍惜贵我双方业已建立的兄弟般的友情，……，共同谱写上海贸易有限公司与嘉华公司友好和全面合作的新篇章！

    谱写……的新篇章：比喻用行动创造出值得记载的事物。例如：

    (1) 希望进一步加强交流与合作，谱写长三角合作发展的新篇章。

    (2) 贵我双方将继续携手共进，共同谱写更加辉煌的新篇章。

例文（三）

在新年来临之际，信达公司向公司全体员工发出贺信，致以新年的祝贺。

新年贺信

亲爱的信达公司全体员工们：

　　新年伊始，在节日到来之际，我代表公司向你们致以诚挚的新年祝福和亲切的节日慰问！ 祝贺新年。

　　过去的一年里，在董事会的正确领导下，在公司全体员工的共同努力下，我们战胜了重重困难，取得了可喜的成就，实现了公司的宏伟蓝图。 公司一年来的成就。

　　新的一年公司销售网络将遍布全国，我们的产品会源源不断地输送到不同的地区，实现公司发展的另一次腾飞。相信大家都会为公司感到骄傲和自豪。 将来一年的目标。

　　这些都需要全体员工的共同努力才能完成，希望大家在董事会的领导下，精诚团结、与时俱进、开拓进取，力争各项工作再创佳绩，为公司今后的发展多做贡献。 提出希望。

　　最后，再次感谢大家一年来的辛勤工作，值此新年到来之际，祝信达公司全体同仁们和你们的家人：新年愉快，身体健康，合家欢乐，工作顺利，万事如意！ 表示感谢并祝福。

　　　　　　　　　　　　　　　　　　　　信达公司
　　　　　　　　　　　　　　　　　　2017年12月28日

词语

1.	战胜	zhànshèng	动词	克服困难，取得成功。	triumph over; overcome
2.	宏伟	hóngwěi	形容词	宏大雄伟。	magnificent
3.	蓝图	lántú	名词	比喻规划或计划。	blueprint
4.	源源不断	yuányuánbúduàn	成语	接连不断。	continuously; in a steady stream
5.	腾飞	téngfēi	动词	迅速崛起和发展，比喻飞跃进步。	develope rapidly
6.	自豪	zìháo	形容词	感到骄傲和光荣。	be proud of

7. 精诚	jīngchéng	形容词	（书面语）真心诚意。	(with) absolute sincerity
8. 与时俱进	yǔshí-jùjìn	成语	永远保持进取精神，跟上时代的步伐。	keep on developing and advancing with the passing of time
9. 辛勤	xīnqín	形容词	辛苦勤劳。	industrious

重点词语与句子例解

过去的一年里，在董事会的正确领导下，在公司全体员工的共同努力下，我们战胜了重重困难，取得了可喜的成就，实现了公司的宏伟蓝图。

在……下：表示属于一定的范围、条件等。例如：

(1) 在贵公司的长期支持和协助下，我们取得了可喜的成绩。
(2) 在艰难的条件下，你们能克服困难，再创佳绩，令人敬佩。

综合训练

一、选词填空。

| 源源不断 | 精诚 | 宏伟 | 辛勤 | 不懈 |
| 取长补短 | 激烈 | 长足 | 自豪 | 克服 |

1．明年也将是中国的零售业竞争_____的一年，希望你们再创佳绩！
2．我代表公司向_____工作的广大职工致以节日的问候和崇高的敬意！
3．生活总是充满希望的，成功总是属于积极进取、_____追求的人们。
4．他们团队_____重重困难，终于取得了骄人的成绩。
5．我们公司生产的服装深受消费者喜爱，订单_____。
6．诚信，是企业不可估量的无形资产，是企业获得_____发展的立身之本。
7．我们为自己的祖国、自己的家乡而感到骄傲与_____。
8．多年来我们与贵公司_____合作，携手并肩使各个项目顺利推进。
9．我们每个人要为实现公司的_____蓝图而做出自己的贡献。
10．希望将来双方能加强协作，_____，合作共赢。

二、用书面语改写句子。

1. 现在你们商场要开始营业了，我们热烈地祝贺你们！

   _____

2. 我们友好关系能这么顺利发展，跟大家相互尊重是很有关系的。

   _____

3. 听说您当上了贵公司总经理，我很高兴，衷心地祝贺您！

   _____

4. 我们不要躲开挑战，要抓住机会，做出新的业绩。

   _____

5. 有了大家的共同努力，公司战胜了困难，渡过了难关。

   _____

三、完形填空。

贺　信

天达招标公司：

　　值此天达招标公司成立十周年之际，谨表示热烈___1___。十年来，贵公司在世界银行及亚洲开发银行贷款项目的招标采购工作中，给予了大力支持与协助。___2___是在签约及执行合同过程中，坚持信守合同，维护我方用户利益，使项目尽快产生效益。借此___3___，我们再次对贵公司表示衷心的感谢。

　　___4___十年历程，我们的合作是真诚友好的。___5___庆祝贵公司成立十周年之际，愿我们的合作留下长久的记忆，并期待得到发扬，共同___6___外贸事业的新篇章。

××××
1994 年 10 月 20 日

（来源：霍唤民、郗仲平、夏京春，《财经实用写作》，首都经济贸易大学出版社，2000 年。）

四、完成写作任务。

● 任务一：

> 李平原来是新航公司销售部的部门经理，因工作出色，最近被提升为分公司的经理。你是公司另一个分公司的负责人，请你写一封贺信，祝贺李平的升迁，对其所付出努力加以肯定，并予以祝福。

● 任务二：

> 星星公司成立了十周年。经过十年的发展，星星公司占有了70%的市场份额，成为行业的领头军。你们公司与他们有密切的合作关系，请你代表公司发一封贺信，庆祝星星公司成立十周年，称赞对方的成就，并借此机会表达开拓合作项目的意愿。

 文书知识

一、贺信的含义

贺信是对对方在某个方面所取得的成就或突出贡献表示庆祝、贺喜、赞扬或表彰等美好意愿的礼仪性专用书信。

二、贺信的篇章结构

1. 标题。第一行正中写"贺信"。或写明祝贺事项如"升迁贺信""新年贺信"，也可以"致全体员工的贺信"的形式为题。

2. 称谓。在第二行顶格写被祝贺单位的名称或个人的姓名，称谓后面加冒号。如"星星公司""李平先生"等，或者"董事长先生""总经理阁下"等。

3. 正文。

（1）开头。说明祝贺的缘由，表示热烈的祝贺。

（2）主体。这是贺信的中心内容，写明祝贺的事实，评述对方的成就、贡献及其重大意义和影响等。

（3）结语。表达自己的希望和祝愿。

4. 落款。在正文右下方写明祝贺单位全称或个人姓名以及贺信的写作日期。

三、贺信的写作要点

1. 感情真挚饱满。贺信的写作，要注意由衷地表达诚挚的慰问和祝福之情，字里行间要充满激情，要洋溢着欢快、喜庆、热烈的气氛，并给人以热情、鼓舞和力量。

2. 评价恰如其分。贺信的内容要实事求是，对成绩和贡献的评价要恰如其分，赞美和颂扬不可言过其实。

3. 文辞简练流畅。贺信的语言要精练明快、通俗流畅，篇幅要短小精悍。同时注意语言文雅优美，可以恰当使用对偶、比喻等修辞手法，但切不可堆砌辞藻。

第四单元

感谢信
道歉信
建议信

第18课 感谢信

当受到对方某种恩惠，如受到邀请、接待、慰问或收到礼品、得到帮助之后，要对对方表达感谢之情时，使用感谢信。

```
                    感谢信

  收信人称谓：
      表示感谢并说明感谢的缘由
      说明感谢的方式
      表达祝愿
      再次表示感谢


                                        写信人姓名
                                            日期
```

例文（一）

丰达银行自成立以来，得到了广大客户的支持，取得了可喜的成绩。在成立三十周年之际，银行给客户写了一封感谢信，感谢他们多年来的关心与帮助。

感谢信

尊敬的广大客户：

　　丰达银行自1988年成立以来，一直得到您的大力支持和帮助。值此周年庆典之际，我行全体员工谨向您表示衷心的感谢和美好的祝福！　　　　　　　　　　　　　　　　　　表示感谢。

　　在过去的几十年中，凭借优质的服务和良好的信誉，我行取得了非常可喜的成绩。我们深知，这离不开您的理解、信任、关心、支持和参与。您的理解和信任是我们进步的强大动力，您的关心和支持是我们成长的不竭源泉，您的每一次参与，都促使我们不断前进。　　　　　　　　　　　　　　　　　感谢的原因。

　　为答谢您多年来的关照，我们将开展多种优惠活动。届时您到我行来办理业务，将会得到一份惊喜。　　　　　　　　感谢的方式。

　　希望今后能够继续得到您的关心和支持，我们将继续为您提供最真诚的服务。　　　　　　　　　　　　　　　　　　　表达祝愿。

　　再次表示诚挚的谢意！恭祝您身体健康，万事如意！　　　再次致谢。

丰达银行
2018年10月18日

词语

1.	庆典	qìngdiǎn	名词	隆重的庆祝典礼。	celebration
2.	谨	jǐn	副词	郑重地。	sincerely
3.	源泉	yuánquán	名词	比喻力量、知识等的来源。	source
4.	答谢	dáxiè	动词	受了别人的好处或招待表示感谢。	express appreciation (for sb.'s kindness or hospitality)

重点词语与句子例解

1. 丰达银行自 1988 年成立以来，一直得到您的大力支持和帮助。

    自……以来：从……开始一直到现在。例如：

    (1) 公司自成立以来，得到了很多企业的关心和帮助。

    (2) 中国的经济自改革开放以来得到了飞速的发展，同时在科技、教育、民生等各方面有了很大的提升。

2. 值此周年庆典之际，我行全体员工谨向您表示衷心的感谢和美好的祝福！

    谨：郑重地。礼貌用语，放在句子开头用于表示感谢。也常用"谨此"，表示"在这里郑重地"的意思。例如：

    (1) 本公司谨向所有顾客郑重承诺：产品一年包换，三年保修，终身维护。

    (2) 我们公司的发展得到了你们的大力支持和帮助，谨此表示感谢。

例文（二）

中国 A 市和英国 B 市是两个经济友好合作城市。A 市市长甲某带团访问了 B 市，受到了该市政府和市长的热情接待。回国后，A 市市长给 B 市市长写了下面这封感谢信。

感谢信

尊敬的 B 市市长：

  十天前，我率中国 A 市政府代表团对贵市进行了友好访问，受到了贵市政府和您的热情接待。在此，我代表 A 市政府及代表团全体成员向你们表示由衷的感谢。 —— 感谢的原因。

  自去年 12 月缔结为经济合作友好城市以来，双方通过各种渠道不断加强交流和了解。这次访问，进一步增进了彼此的友谊。我们将按照本次签订的备忘录要求，切实推动双方的交流，努力在产业项目、市政建设、文化教育以及人力资源等方面寻求新的合作。 —— 感谢的方式。

  热忱欢迎贵市政府和工商界朋友在适当的时候来我市考察，并期待与您再次会面。 —— 再次表示感谢。

A 市市长：甲某
2018 年 3 月 20 日

 **词语**

1.	备忘录	bèiwànglù	名词	一种外交文书，声明自己方面对某种问题的立场，或把某些事项的概况通知对方。	memorandum
2.	切实	qièshí	形容词	切合实际，实实在在。	practical; realistic

重点词语与句子例解

1. 我们将按照本次签订的备忘录要求，切实推动双方的交流，努力在产业项目、市政建设、文化教育以及人力资源等方面寻求新的合作。

    在……方面：在一些领域、范围、层面等。例如：

    (1) 多年来，我公司的各项工作始终得到了贵局领导的大力支持和帮助。尤其是在本公司的发展方面，贵局给予了无私的支持。

    (2) 出院后，部门工会针对本人思想情绪给予了积极疏导，同时又在生活方面给予照顾。在此，我表示衷心的感谢！

2. 热忱欢迎贵市政府和工商界朋友在适当的时候来我市考察。

    在适当的时候：在有空的时候或在条件允许的情况下。例如：

    (1) 我公司将在适当的时候推出新款产品，届时欢迎新老客户惠顾。

    (2) 本公司将根据产品的销售情况，在适当的时候采取一些优惠政策。

 综合训练

一、选词填空。

| 届时 | 答谢 | 表示 | 代表 | 可喜 |
| 衷心 | 缔结 | 渠道 | 切实 | 期待 |

1. 过去一年来，在大家的共同努力下，公司取得了_____的成绩。
2. 对于您的大力支持和帮助，我_____公司向您表示感谢。
3. 非常感谢您的热情接待，_____明年在北京与您见面。

4．本公司将于下个月举办商品展销会，_____欢迎光临。

5．公司一系列"为员工送关怀"活动，_____解决了员工生活中的许多困难。

6．值此新年来临之际，公司全体员工向所有新老客户表示_____的感谢。

7．企业往往通过商场、超市和零售店等销售_____将产品卖给消费者。

8．为_____广大消费者，本商场所有商品一律九折。

9．最近几年来，双方之间的合作不断加强，_____了深厚的友谊。

10．我希望借这次年会，向公司全体员工_____诚挚的谢意。

二、用书面语改写句子。

1．天马集团从去年开始就和德国公司进行交流与合作。

_____

2．在春节来临的时候，祝全体员工节日愉快！

_____

3．我们公司下个星期要举行商品交流会，欢迎来参加。

_____

4．非常欢迎你们公司来上海参观，并希望在上海与你们见面。

_____

5．我们公司将会在条件合适的时候考虑与你们公司进行合作。

_____

三、完形填空。

感谢信

北方电业局：

　　我们共同送走了满载收获的2017年，迎来了充满希望的2018年。值此辞旧迎新的时刻，我__1__公司全体成员向贵局的领导及广大职工致以新春的祝贺，并向贵局对我公司曾经给予的大力支持，表示__2__的感谢！

　　__3__双方签订合作协议以来，我公司的各项工作始终得到了贵局领导的大力支持和帮助。在愉快的合作中，我们深深地感受到了贵局务实的工作作风、上乘的工作质量、高效的工作效率和谦逊的合作态度。

　　金申电力公司的发展，今后仍离不开贵局__4__的大力支持。在新的一年里，希望我们进一步加强合作，加深友谊，共同发展，共创更加美好的未来。

　　__5__春节即将来临之际，恭祝各位领导身体健康，工作顺利！祝贵局事业兴旺发达，职工幸福安康！

　　此致

敬礼！

金申电力公司
2018年1月23日

（来源：苗瑞，《企业应用文书写作·规范与实例》，中国电力出版社，2006年。）

四、完成写作任务。

● 任务一：

　　上星期，顺奇服装厂为成立二十周年举办了庆祝活动。在庆祝活动过程中，很多服装销售商不但发来了贺电，还亲自到场表示祝贺，并且商谈了今后进一步加强合作等有关事宜，这使得整个庆典活动既隆重又有意义。请你代顺奇服装厂给服装销售商们写一封感谢信。

● 任务二：

> 大学毕业前，李华到一家会计事务所实习。该会计事务所不但热情地接待了李华，而且为李华安排一名专业会计师指导。在一个月的实习过程中，李华学到了很多专业知识，也积累了不少实际工作经验。请你为李华给会计事务所写一封感谢信。

 文书知识

一、感谢信的含义

感谢信是得到某人或某单位的帮助、支持或关心后答谢对方的书信。根据寄送对象的不同，感谢信可以分为三种：一种是直接寄送给感谢对象；一种是寄送给对方所在单位有关部门或在其单位公开张贴；还有一种是寄送给广播电台、电视台、报社、杂志社等媒体公开播发。

二、感谢信的篇章结构

感谢信的结构一般由标题、称谓、正文、结语、落款五部分构成。

1．标题。可以只写"感谢信"三个字；也可加上感谢的对象，如"致××同学的感谢信""致平安物业公司的感谢信"；还可再加上感谢者，如"×××全家致××社区居委会的感谢信"。

2．称谓。写感谢对象的单位名称或个人姓名。如"大众旅行公司""刘自立先生"。

3．正文。主要写两层意思，一是写感谢对方的理由，即"为什么感谢"，二是直接表达感谢之意。

（1）感谢理由。首先叙述对方的帮助。然后在叙事基础上对对方的帮助作诚恳的评价，肯定对方的行为。在叙述和评价的字里行间要自然渗透感激之情。

（2）表达谢意。在叙事和评论的基础上直接对对方表达感谢之意，根据情况也可在表达谢意之后表示以实际行动向对方学习的态度。

4．结语。一般用"此致敬礼"或"再次表示诚挚的感谢"之类的话。也可自然结束正文，不写结语。

5．落款。写感谢者的单位名称或个人姓名和写信的时间。

三、感谢信的写作要点

1．感谢信的正文要写清楚得到了哪些帮助，这些帮助又产生了哪些效果。

2．感谢信是以感谢为主，所以感谢应真诚、朴素，表达谢意时要符合实际。

3．感谢信在语言上的要求是精炼、简洁，用词造句要把握一个度，不可过分夸大，否则会给人虚伪之感。

第19课 道歉信

 适用情景

当因个人原因或工作失误引起对方不满或不快,因而需要向对方赔礼道歉以消除误解、增进双方之间的友谊和信任时,使用道歉信。

 文书框架

> **道歉信**
>
> 收信方:
>   表示道歉
>   解释原因
>   说明解决办法
>   再次表示道歉
>
>   道歉方
>   日　期

 例文分析

 例文(一)

因春节前大雪,交通不畅,大顺物流公司的大量货物都不能按时发送给客户。公司特此写了一封道歉信通过邮件发给客户,表示将尽早安排发送货物并赔偿损失。

道歉信

尊敬的各位客户：

　　感谢您一直以来对我公司的大力支持！　　　　　　　　　　表示感谢。

　　近日因不少地区遭受极其罕见的冰雪灾害，道路不能正常
通行，机场封闭，致使我公司大量货物未能按时发出，由此给　　表示道歉。
各位带来了极大的不便，我们感到非常抱歉。　　　　　　　　解释原因并交代
　　目前，我们正尽全力安排工作，尽早将所有耽搁的货物发　　补救的办法。
出。为表示歉意，我们将承担给您造成的一切损失。

　　再次对给您带来的不便表示歉意，同时感谢您对我们工作　　再次道歉。
的理解。

大顺物流公司 业务部
2018 年 1 月 27 日

词语

1.	道歉	dàoqiàn	动词	表示歉意；认错。	apologize
2.	遭受	zāoshòu	动词	受到（不幸或损害）。	suffer; be subjected to
3.	罕见	hǎnjiàn	形容词	很少见到的。	rare; seldom seen
4.	致使	zhìshǐ	动词	以致，使得（产生不好的结果）。	cause; result in; bring about
5.	不便	búbiàn	形容词	不方便。	inconvenient
6.	抱歉	bàoqiàn	形容词	心里不安，觉得对不起别人。	be sorry; feel apologetic
7.	耽搁	dānge	动词	停留；拖延；耽误。	stop over; procrastinate; delay
8.	歉意	qiànyì	名词	抱歉的心意。	apology; regret

重点词语与句子例解

1. 由此给各位带来了极大的不便，我们感到非常抱歉。

    由此：由于这个原因。例如：

    (1) 由于天气原因致使货物损坏，由此造成的经济损失由本公司负责。

    (2) 现在，私家车不断增多，由此产生的问题也越来越突出。

2. 为表示歉意，我们将承担给您造成的一切损失。

    为表示歉意：为了表示道歉（后面要加上补偿过错的办法）。例如：

    (1) 我们发送给您的货物已有损坏，为表示歉意，我们将赔偿一切损失。

    (2) 因本店员工的不礼貌行为而给您造成了不快，为表示歉意，这些商品您享有九折优惠。

    为……表示歉意：因为某事而向某人道歉。例如：

    (1) 我们为延期发送货物一事向各位客户表示真诚的歉意。

    (2) 本人为耽误了大家的休息时间表示歉意。

例文（二）

某公司商务部打算下周举办商品展销会，邀请同欣有限责任公司的肖权总经理携员工参加。但由于下周是同欣有限责任公司的周年庆典，肖总经理不能参加商品展销会，于是给对方的商务部王部长写了一封道歉信。

致歉信

尊敬的王部长：

　　承蒙邀请参加贵部将于下周举办的商品展销会，我代表公司员工并以我个人的名义特向您表示衷心的感谢！　　　　　　　表示感谢。

　　遗憾的是，因下周是本公司的周年庆典活动周，事务较为繁忙，恕届时不能参加，为此深表歉意。　　　　　　　　　　表示歉意并解释原因。

　　祝展销会取得圆满成功！希望双方今后能继续加强合作，实现双赢，我方定将为此尽最大努力。　　　　　　　　　　　交代处理问题的办法。

同欣有限责任公司 肖权

2017 年 7 月 9 日

 词语

1.	事务	shìwù	名词	要做的事情。	affairs; general affairs
2.	恕	shù	动词	（客套话）请对方不要计较。	forgive; pardon
3.	双赢	shuāngyíng	动词	合作双方都得到好处。	double win

重点词语与句子例解

1. 遗憾的是，因下周是本公司的周年庆典活动周……

 遗憾的是：感到不好意思或不满意的是。例如：

 （1）感谢您订购本公司产品。但遗憾的是，这批产品已经断货。

 （2）贵公司送来的货物已经收到，遗憾的是，我们发现部分货物已被损坏。

2. ……事务较为繁忙，恕届时不能参加，为此深表歉意。

 恕：请原谅，请不要计较。礼貌用语。例如：

 （1）我在外地出差，恕不能前去祝贺，请谅解。

 （2）由于通信故障，恕不能及时告知，十分抱歉。

 综合训练

一、选词填空。

| 承蒙 | 名义 | 歉意 | 不便 | 由此 |
| 圆满 | 双赢 | 为此 | 致使 | 承担 |

1. 我们为所发生的一切表示_____，并保证今后不再发生此类事件。

2. 由于发生交通事故，_____一部分货物遭受损坏。

3. 这次合作，双方互相信任，真诚友好，互惠互利，实现了_____。

4. 如果是由于我方原因，我们将_____造成的一切经济损失。

5. 我们诚挚地希望得到您的谅解与配合，_____给您造成不便，我们深表歉意。

6. 此次交流，_____您的关照，我顺利完成了任务。

7. 这次合作得到贵公司的大力支持和帮助，_____ 我们向贵公司表示衷心的感谢。
8. 双方在很多方面达成了一致，这次访问取得了_____ 成功。
9. 我代表全体员工，并以我个人的_____ 向大家表示真诚的歉意。
10. 对于本次飞机故障给您带来的_____，我们特向您致歉。

二、用书面语改写句子。

1. 你们公司上次的订单我们还没有完成，所以不能及时给你们发货，现在写这封信向你们说声不好意思。

   _____

2. 因为我要去外地出差，请原谅我到时候不能去参加会议。

   _____

3. 上次在北京考察期间，得到了大家的帮助，非常感谢。

   _____

4. 我和公司全体成员感谢你们提供的帮助。

   _____

5. 因为我们的产品存在问题，给你们造成了不少麻烦，向你们道歉。

   _____

三、完形填空。

道歉信

尊敬的客户：

　　本公司__1__ 2013年9月22日投产以来，__2__ 大家的关照和支持，产品销售情况良好。

目前，由于本公司的部分产品仍采用手工操作生产，__3__货物供应不能充分满足广大客户的需求，从而影响了销售。在此，我__4__公司向你们表示真诚的歉意！

为了解决当前货源供应不足问题，本公司加大了生产力度，并引进了先进生产线，预计不久的将来，产品供应紧张能够得到充分的缓解。

再次对给你们带来的__5__表示歉意，并希望能得到你们的理解。

湖北荣创贸易有限公司
2018 年 6 月 6 日

四、完成写作任务。

- 任务一：

> 某客户在收到货物后来信说，公司在发送货物时出现了问题，因为他们收到的并不是订单中所订购的那批货物。你作为公司业务部经理，给这位客户写一封道歉信，并告知对方将如何解决这一问题。

- 任务二：

> 你们公司昨天收到客户的订单，需要订购一批货物。但由于某些原因，你们公司不能提供这批货物。请你写一封道歉信，并告诉对方解决问题的办法。

文书知识

一、道歉信的含义

道歉信是因个人原因或工作失误引起对方的不快，向对方赔礼道歉，以消除误解、增进友谊和信任的信函。

二、道歉信的篇章结构

1. 标题。第一行正中写上"道歉信"或"为……致歉"。

2. 称谓。在第二行顶格写上收信方的称谓，或只写职务，如"尊敬的×××经理""尊敬的××局局长"。

3. 正文。(1) 开头。首先向对方表示道歉。(2) 主体。诚恳地解释或说明造成对方不快的原因，并表示歉意，请予以理解或原谅。同时，提出解决问题的办法。(3) 结语。再次向对方表示道歉。

4. 落款。在正文右下方署上致歉者的姓名以及成文日期。

三、道歉信的写作要点

1. 表达要直截了当。

2. 态度要诚恳，解释原因要实事求是。

3. 补救措施要合理。

第20课 建议信

适用情景

当个人、单位或集体向有关单位或上级机关和领导就某项工作提出某种建议时，使用建议信。

文书框架

建议信

收信人称谓：
　　　提出建议的原因
　　　说明建议的具体内容
　　　表达自己的希望

建议者姓名
日期

例文分析

例文（一）

　　某公司谋求进一步发展，鼓励员工大胆提出各自的建议。作为一名老员工，刘忠兵对公司的情况非常了解，主要就员工管理和职责分配等方面提出了自己的建议。

建议信

尊敬的领导：

  非常荣幸能在本公司工作六年。在这六年里，我伴随着公司一起成长，也目睹了公司的快速发展。现对于公司今后的发展，特提出以下几点建议，希望能有所帮助。 <!-- 写建议信的原因。 -->

  一、建立员工培训制度

  新进员工大多是刚出校门的大学生，对本公司的产品还比较陌生。建议公司建立职工培训制度，对新进员工进行专业知识培训，使他们尽快掌握相关业务技能和谈判技巧，从而更加有效地发挥每个员工的作用，为公司做出自己的贡献。 <!-- 提出相关建议。 -->

  二、建立员工晋升机制

  对员工进行专业知识考核，并建立相关制度，充分实现能者上、弱者下、末位淘汰的晋升机制，使每个员工都有主人翁意识和积极进取的精神，在良性竞争中不断强大自己。

  三、建立职责分配制度

  各司其职，各负其责。公司应明确规定相关职能部门的相关权利和职责，避免重复交叉管理，从而使各项工作有序进行。

  以上是我个人的一些想法，不妥之处，还请领导多多包涵和谅解。 <!-- 表达愿望。 -->

建议人：刘忠兵
2018 年 3 月 5 日

 词语

1.	建议	jiànyì	动词	向他人提出自己的主张或意见。	suggest; propose
2.	目睹	mùdǔ	动词	亲眼看到。	witness; see with one's own eyes
3.	培训	péixùn	动词	培养和训练。	train; cultivate
4.	晋升	jìnshēng	动词	提高职位或级别。	promote; promote to a higher office
5.	考核	kǎohé	动词	考查审核。	check; examine
6.	淘汰	táotài	动词	在选择中去除（不好的、弱的或不合适的）。	eliminate sb from a competition; die out
7.	主人翁	zhǔrénwēng	名词	当家做主的人。	master
8.	进取	jìnqǔ	动词	努力向前；立志有所作为。	be enterprising; keep forging ahead
9.	良性	liángxìng	形容词	能产生好的结果的。	benign
10.	有序	yǒuxù	形容词	按照先后次序的。	ordered
11.	不妥	bùtuǒ	形容词	不合适。	inappropriate; improper
12.	包涵	bāohán	动词	（客套话），请人原谅。	forgive; excuse

重点词语与句子例解

1. 现对于公司今后的发展，特提出以下几点建议，希望能有所帮助。

   特：特地，专门。例如：

   (1) 对于贵方的大力帮助，特表示真诚的感谢！

   (2) 此次来信，特向您表示歉意，并希望能够得到您的原谅。

2. 以上是我个人的一些想法，不妥之处，还请领导多多包涵和谅解。

   不妥之处：意见或做法不合适的地方。例如：

   (1) 虽然已经处理好了这件事情，但可能还存在不妥之处，请原谅。

   (2) 下面我将谈谈自己的想法，不妥之处，请大家多多批评。

例文（二）

中国科学院物理研究所与华中科技大学在一些科研项目的研究上已经打下了良好的合作基础。为了进一步加强双方之间的合作与交流，建立全面的协作关系，中国科学院物理研究所特向华中师范大学写了一封建议函，提出了相关的意见。

建议函

华中科技大学：

　　近年来，我所与贵校双方在一些科学研究项目上互相支持，取得了<u>一定</u>的成绩，打下了良好的协作基础。为了巩固成果，使双方今后能进一步在学术思想、科学研究、人员培训、仪器设备等方面建立全面的交流协作关系，特提出如下建议： 　　写信原因。

　　一、定期举行所、校之间的学术讨论与学术交流。

　　二、根据所、校各自的科研发展方向和特点，在双方共同感兴趣的课题上加强协作。 　　建议内容。

　　三、根据所、校各自人员的配备情况，校方<u>尽力</u>对所方研究生、科研人员的培训予以帮助。

　　四、双方教学科研所需的高、精、尖仪器设备，<u>在可能的条件下</u>，提供对方使用。

　　五、加强图书资料和信息的交流。

　　以上各项，<u>如蒙</u>同意，建议互派科研主管人员<u>就</u>有关内容进一步<u>磋商</u>，达成协议，以利工作。 　　表达愿望。

中国科学院物理研究所
2013 年 5 月 7 日

词语

1. 协作　　xiézuò　　动词　　一些人或单位相互配合来完成任务。　　cooperate; coordinate

2.	定期	dìngqī	形容词	有一定周期的；按一定期限的。	regular; termly
3.	配备	pèibèi	动词	根据需要分配（人力或物力）。	provide (manpower or equipment)
4.	蒙	méng	动词	（客套话）受到。	be indebted (to sb. for a kindness); be granted a favour
5.	磋商	cuōshāng	动词	反复商量；仔细讨论。	consult; negotiate
6.	达成	dáchéng	动词	达到；得到。	reach (agreement)

重点词语与句子例解

1. 近年来，我所与贵校双方在一些科学研究项目上互相支持，取得了一定的成绩……

   一定：相当的；达到了某种程度的。例如：

   （1）经过多年的技术革新，产品质量已经达到了一定的水平。

   （2）这家企业经过三年的发展，已经具备了一定的生产规模。

2. 双方教学科研所需的高、精、尖仪器设备，在可能的条件下，提供对方使用。

   在可能的条件下：在条件满足或许可的情况下。例如：

   （1）本公司的研发技术已具备一定水平，在可能的条件下，将开发新产品。

   （2）金力集团研制的产品已达到国际先进水平，在可能的条件下，将推向国际市场。

3. 以上各项，如蒙同意，建议互派科研主管人员就有关内容进一步磋商。

   如蒙：如，如果；蒙，承蒙，受到。例如：

   （1）本次合作，如蒙各位大力支持，将十分感激！

   （2）由于我们的失误，给您带来了不小的损失。如蒙原谅，我们将及时为您更换新产品。

   就……磋商：对……进行认真讨论。例如：

   （1）双方已达成了合作意向，将就价格、运输等问题进行磋商。

   （2）双方已就如何加强合作与交流等事项进行了磋商。

一、选词填空。

| 建议 | 予以 | 定期 | 磋商 | 晋升 |
| 达成 | 考核 | 淘汰 | 良性 | 包涵 |

1. 一般情况下，公司都要对新进员工进行 _____，合格后才能正式入职。
2. 针对贵公司目前存在的问题，我想提出以下几条 _____。
3. 由于他表现出色，一年后就 _____ 为销售部经理。
4. 以上给贵公司提出的建议不一定合理，还请多多 _____。
5. 从去年起，公司引进了 _____ 竞争机制，鼓励工作积极、能力强的员工。
6. 双方经过友好 _____，最后就合作事宜取得了一致意见。
7. 各部门都有相应的规章制度，规定要 _____ 对员工进行考核。
8. 本公司本着客户至上的原则，将对客户 _____ 更多帮助。
9. 我们在保证生产数量的同时更要保证产品质量。在这一点上，大家已经 _____ 了共识。
10. 公司为了对消费者负责，对产品质量严格要求，_____ 了一批不合格产品。

二、用书面语改写句子。

1. 以上是我的一些建议，如果能得到您的采纳，将非常感谢。

   _____

2. 这种产品的质量达到了比较高的水平，受到消费者的喜爱。

   _____

3. 欢迎你们公司来访，并讨论如何进一步加强交流与合作。

   _____

4. 以上是我的一些想法，还存在不合适的地方，希望您多指正。

   _____

5. 我们公司正在研发新产品，如果其他条件都能满足，将在三个月后投入生产。

___

三、完形填空。

建议信

德生电器用户服务部：

  我是"德生"的老__1__了，这是我第三次购买贵公司产品。几天前，我购买了一部"德生"PL757型收音机，使用下来，感觉很好。综合来说，主要有__2__优点：

  1. 功能多，音质一流，造型优雅、美观，频率锁定准确。

  2. 使用方便、操作简单，资料齐全、详尽。

  3. 耳机品质一流。

  但我觉得，PL757还可以进一步完善，因此__3__提出几点建议：

  1. 增设定时开关机功能。有了该功能，同时兼备闹钟作用，一举多得，定受广大用户的欢迎。

  2. 增加预选存储器数量，且掉电不会丢失数据。

  3. 音量控制设计成按键式，或直接用数字键输入音量级别来实现音量控制，且显示屏上有相应显示。

  以上__4__，希望能给贵公司在产品改进工作中提供借鉴。__5__之处，敬请谅解。

王立三
2012年9月21日

四、完成写作任务。

● 任务一：

> 作为企业员工，李晓梅等人觉得企业工作环境对员工的身心健康非常重要，而企业在这方面仍有不足。请你为他们向企业领导写一封建议信。

● 任务二：

> 你所在的公司生产了一种新型的笔记本电脑，并打算销往中国市场。你是负责上海地区产品销售的经理，请你给总经理写一封信，提出关于笔记本电脑在上海销售的一些建议。

 文书知识

一、建议信的含义

建议信是指个人、单位或集体向有关单位或上级机关和领导，就某项工作提出某种建议时使用的一种常用书信。

二、建议信的篇章结构

建议信的写作格式一般由标题、称谓、正文、结语、落款等五部分构成。

1．标题。标题一般在第一行中间写上"建议信"字样。有的建议书还写上所建议的内容，如"关于××文化旅游的建议信"。

2．称谓。要求注明受文单位或个人的名称，后加冒号。

3．正文。建议信正文由以下三部分构成：(1) 提出建议的原因、理由以及自己的目的、想法。这样往往可以使受文单位或个人从实际出发，考虑建议的合理性，为采纳建议打下基础。(2) 建议的具体内容。一般建议的内容要分条列出，这样可以做到醒目。建议要具体明白、切实可行。(3) 提出自己希望采纳的想法，但同时也应谨慎虚心，不说过头的话，不用命令的口气。

4．结语。结语一般是表示敬意或祝愿的话，与一般书信相同。

5．落款。落款要署上提建议的单位或个人的称谓，并署上成文日期。

三、建议信的写作要点

建议信是向上级机关、有关单位或主管部门提出合理请求性的建议，以便使对方接受自己的想法或主张，解决有关问题，因此要求建议信要写得简明扼要，目的明确，理由充足，具有合理性和说服力。

写建议信时要注意以下事项：

1．从实际出发，实事求是。提意见、写建议要根据具体问题、实际需要和可能的条件，而不能凭空想象，不着边际地提，这样才有助于改进工作方法，开展有益的活动。

2．说话得体，有分寸。所提意见和建议应当比较准确、合理，并且要掌握一定的分寸。意见和建议在现实条件下要行得通，不应该说过头话，也不应该提过高的要求。

3．内容具体、清楚、实在。建议信的核心部分是所提建议的内容。建议的内容要写具体、写清楚，使人一目了然。切记不要说空话、套话，不要抽象、笼统。

4．语言准确、精练。建议信是人们发表意见、提出建议的一种工具，因此，语言要准确精练，言简意明地把具体办法或措施一目了然地写出来，而不是过多地分析和论证。

附录1 生词表

词语	拼音	词性	中文释义	英文释义	索引
A					
翱翔	áoxiáng	动词	在空中回旋地飞。	hover; soar	L9
B					
拜访	bàifǎng	动词	(敬辞)访问。	pay a visit; give a look-in	L6
包涵	bāohán	动词	(客套话),请人原谅。	forgive; excuse	L20
宝贵	bǎoguì	形容词	极有价值;珍贵。	valuable	L15
报到	bàodào	动词	向组织报告自己已经来到。	report for duty	L2
抱歉	bàoqiàn	形容词	心里不安,觉得对不起别人。	be sorry; feel apologetic	L19
备忘录	bèiwànglù	名词	一种外交文书,声明自己方面对某种问题的立场,或把某些事项的概况通知对方。	memorandum	L18
表述	biǎoshù	动词	叙述;说明。	explain; express	L11
秉承	bǐngchéng	动词	承受;接受(旨意或指示)。	take (orders); carry on a tradition	L14
波动	bōdòng	动词	像波浪那样起伏不定;不稳定。	fluctuate	L17
补贴	bǔtiē	名词	给予经济上的补助。	subsidy	L11
不便	búbiàn	形容词	不方便。	inconvenient	L19
不断	búduàn	副词	连续地。	continually	L12
不法	bùfǎ	形容词	违犯法律的。	illegal	L4
不妥	bùtuǒ	形容词	不合适。	inappropriate; improper	L20
不懈	búxiè	形容词	不松懈,不懈怠。	unremitting	L17
不予	bùyǔ	动词	不给予,不加以。	refuse to give	L4

词语	拼音	词性	中文释义	英文释义	索引
不足	bùzú	形容词	不够的。	insufficient	L13
C					
策划	cèhuà	动词	筹划；谋划。	plan; plot	L6
长足	chángzú	形容词	形容进展迅速。	rapid	L17
偿还	chánghuán	动词	归还（所欠的债）。	repay; pay back	L1
成熟	chéngshú	形容词	发展到完善的程度。	fully developed	L12
诚	chéng	形容词	（心意）真实。	sincere	L3
承担	chéngdān	动词	担负；担当。	bear; undertake	L5
诚恳	chéngkěn	形容词	真诚恳切。	sincere	L7
承蒙	chéngméng	动词	（客套话）受到。	be indebted (to sb. for a kindness); be granted a favour	L10
承诺	chéngnuò	动词	对某项事物答应照办。	promise	L5
吃苦耐劳	chīkǔ-nàiláo	成语	能够经受艰难困苦并禁得起劳累。	be hardworking and able to endure hardships	L8
驰名	chímíng	动词	声名传播很远。	be well-known	L3
持	chí	动词	拿着；握着。	hold; grasp	L3
充实	chōngshí	形容词	丰富；充足。	substantial; rich	L13
抽奖	chōujiǎng	动词	用抽签的方式确定获奖者、奖项或奖品。	draw a lottery or raffle	L16
酬金	chóujīn	名词	酬报劳务的费用。	remuneration; reward	L11
出色	chūsè	形容词	特别好；超出一般。	outstanding	L6
传播	chuánbō	动词	传送或散布。	disseminate	L16
创新	chuàngxīn	动词	摒除旧的，创造新的。	innovate	L8
辞职	cízhí	动词	申请解除自己的职务。	resign	L10
此	cǐ	代词	这；这个。	this	L1
从优	cóngyōu	动词	采取优待的办法；给予优惠。	give preferential treatment	L3
促进	cùjìn	动词	推动使发展进步。	promote	L16

词语	拼音	词性	中文释义	英文释义	索引
存根	cúngēn	名词	票据、证明等开出后所留的底子，其内容与票据、证明等基本相同，留存备查。	counterfoil; stub	L6
磋商	cuōshāng	动词	反复商量；仔细讨论。	consult; negotiate	L20
			D		
达成	dáchéng	动词	达到；得到。	reach (agreement)	L20
答谢	dáxiè	动词	受了别人的好处或招待表示感谢。	express appreciation (for sb.'s kindness or hospitality)	L18
大方	dàfang	形容词	（言谈、举止）自然，无拘束。	elegant	L7
大驾	dàjià	名词	（敬辞）称对方。	you	L12
大局	dàjú	名词	整个的局面；总的形势。	overall situation	L9
大力	dàlì	副词	用很大的力量。	energetically	L6
代表	dàibiǎo	动词	代替个人或集体办事或表达意见。	represent	L13
贷款	dàikuǎn	动词	银行或其他信用机构借钱给机构或个人，借钱者须在一定期限内归还，并支付利息。	grant a loan; extend credit	L1
待遇	dàiyù	名词	物质报酬；工资福利。	salaries and other benefits	L11
耽搁	dānge	动词	停留；拖延；耽误。	stop over; procrastinate; delay	L19
担任	dānrèn	动词	担当某种职务或工作。	take charge of	L6
导师	dǎoshī	名词	高等学校或研究机构中指导学生学习、进修、写作论文的教师或研究人员。	supervisor; tutor	L7
导致	dǎozhì	动词	引起（一般为不好的结果）。	result in	L5
盗用	dàoyòng	动词	非法使用（公家或别人的名义、财务等）。	falsely use	L4
道歉	dàoqiàn	动词	表示歉意；认错。	apologize	L19
缔结	dìjié	动词	订立条约、协定等。	conclude	L16
奠定	diàndìng	动词	使稳固；使安定。	make firm or stable	L16
定期	dìngqī	形容词	有一定周期的；按一定期限的。	regular; termly	L20

词语	拼音	词性	中文释义	英文释义	索引
东道主	dōngdàozhǔ	名词	请客、接待的主人。	host	L15
端正	duānzhèng	形容词	正确；正派。	upright; righteous; respectable	L7
短缺	duǎnquē	动词	缺乏；不足。	be short of	L1
短暂	duǎnzàn	形容词	（时间）短。	transient	L13
E					
耳目一新	ěrmù-yìxīn	成语	听到的或看到的都换了样子，感到新鲜。	find everything fresh and new	L15
F					
番	fān	量词	遍；次；回。	(for actions, deeds, etc.)	L10
繁荣	fánróng	形容词	经济或事业蓬勃发展。	flourishing	L16
方案	fāng'àn	名词	工作的计划	scheme; plan	L6
房租	fángzū	名词	出租或租用房屋的钱。	rent	L1
飞跃	fēiyuè	动词	事物有质的变化、突破性的发展。	leap	L14
非法	fēifǎ	形容词	不合法的。	illegal; unlawful	L4
分配	fēnpèi	动词	安排；分派。	assign	L10
分享	fēnxiǎng	动词	和他人共同享受。	share	L16
氛围	fēnwéi	名词	周围的环境、气氛或情调。	atmosphere	L10
峰会	fēnghuì	名词	最高级会议；首脑会议。	summit meeting	L16
服从	fúcóng	动词	遵从；听从。	obey	L9
福利	fúlì	名词	生活上的利益，特指对职工生活（食、宿、医疗等）的照顾。	welfare	L2
附件	fùjiàn	名词	随同主文件一起制定的文件。	enclosure	L2
赴	fù	动词	到（某处）去。	go to	L7
G					
干涉	gānshè	动词	过问别人的事或制止别人的行动，多指不该管的却硬管。	interfere	L11
感激	gǎnjī	动词	因对别人的好意或帮助而产生感谢之意。	feel grateful	L10

词语	拼音	词性	中文释义	英文释义	索引
耕耘	gēngyún	动词	比喻辛勤地从事研究、创作等工作。	cultivate	L14
公共关系	gōnggòng guānxì		指团体、企业或个人在社会活动中的相互关系。简称公关。	public relations	L16
恭候	gōnghòu	动词	恭敬地等候。	await respectfully	L12
公章	gōngzhāng	名词	机关、团体等使用的印章。	official seal	L4
巩固	gǒnggù	形容词	坚固,不易动摇。	consolidated; stable	L13
共勉	gòngmiǎn	动词	共同勉励;共同努力。	encourage each other	L9
供职	gòngzhí	动词	担任职务。	hold office	L8
顾问	gùwèn	名词	有某方面的专门知识、备以咨询的人员。	consultant	L11
雇员	gùyuán	名词	受雇用的职员或编制以外的临时工作人员。	employee	L8
广泛	guǎngfàn	形容词	涉及的方面广,范围大。	extensive; widespread	L16
广阔	guǎngkuò	形容词	广大宽阔。	broad; vast	L15
规范	guīfàn	名词	约定俗成或明文规定的标准。	norm	L9
过硬	guòyìng	形容词	经受得起严格的考验或检验。	having a perfect mastery of	L7
H					
罕见	hǎnjiàn	形容词	很少见到的。	rare; seldom seen	L19
和睦相处	hémù-xiāngchǔ	成语	彼此友好地相处。	live in harmony	L8
核对	héduì	动词	审核查对。	check	L1
宏伟	hóngwěi	形容词	宏大雄伟。	magnificent	L17
厚望	hòuwàng	名词	深切的期望。	high expectation	L8
怀	huái	动词	心里存有。	harbour	L10
辉煌	huīhuáng	形容词	显著;卓著。	brilliant; splendid	L7
回馈	huíkuì	动词	回赠。	present sth. in return	L16
回忆	huíyì	动词	回想。	recall	L17

词语	拼音	词性	中文释义	英文释义	索引
回执	huízhí	名词	会议通知或邀请函所附的填写后寄回寄件人的部分，内容包括能否应邀出席等。	a short note acknowledging receipt of sth.	L2
J					
积极	jījí	形容词	进取的；热心的。	active; energetic; vigorous	L13
积累	jīlěi	动词	（事物）逐渐聚集。	accumulate	L8
激烈	jīliè	形容词	剧烈；猛烈。	intense; fierce	L17
及时	jíshí	副词	立即；马上。	opportunely; in time	L13
即	jí	副词	就；立刻；马上。	immediately	L1
即将	jíjiāng	副词	就要；将要。	soon	L13
即日	jírì	名词	当天。	this or that very day	L1
给予	jǐyǔ	动词	（书面语）给。	give	L5
计	jì	动词	计算；总计。	count; add up to	L1
假借	jiǎjiè	动词	利用某种名义、力量等来达到目的。	make use of	L4
艰难	jiānnán	形容词	困难。	difficult; hard	L10
见谅	jiànliàng	动词	（书面语）表示请人谅解。	forgive (me)	L13
见证	jiànzhèng	动词	亲眼看见可以作证。	witness	L1
建议	jiànyì	动词	向他人提出自己的主张或意见。	suggest; propose	L20
鉴于	jiànyú	介词	（书面语）以某种情况为前提加以考虑。	in view of	L7
交接	jiāojiē	动词	移交和接替。	hand over and take over	L10
交纳	jiāonà	动词	向政府或公共团体交付规定数额的金钱或实物。	pay (to the state or an organization)	L2
接洽	jiēqià	动词	跟人联系，商量、交谈有关事情。	take up a matter with; arrange with	L6
接替	jiētì	动词	代替；把别人的工作接过来继续做下去。	take over	L6
竭诚	jiéchéng	副词	全心全意。	wholeheartedly	L13
竭尽全力	jiéjìn-quánlì	成语	用尽全部力气。	spare no effort	L10

词语	拼音	词性	中文释义	英文释义	索引
届时	jièshí	副词	（书面语）到时候。	when the time comes	L12
借款	jièkuǎn	动词	向别人借钱或借钱给别人。	loan; borrow money	L1
斤斤计较	jīnjīn-jìjiào	成语	过分计较一丝一毫的利益或微不足道的小事。	haggle over every ounce	L9
紧密	jǐnmì	形容词	关系非常密切。	inseparable	L17
紧迫	jǐnpò	形容词	非常着急，需要马上解决。	pressing; urgent; imminent	L9
谨	jǐn	副词	郑重地。	sincerely	L18
谨慎	jǐnshèn	形容词	对外界的事物或自己的言行非常小心（跟"大意"相对）。	prudent; cautious	L8
进取	jìnqǔ	动词	努力向前；立志有所作为。	be enterprising; keep forging ahead	L20
晋升	jìnshēng	动词	提高职位或级别。	promote; promote to a higher office	L20
经营	jīngyíng	动词	筹划、组织并管理。	manage; operate; run	L3
精诚	jīngchéng	形容词	（书面语）真心诚意。	(with) absolute sincerity	L17
精神	jīngshén	名词	宗旨；主要的意义。	essence; spirit	L8
精英	jīngyīng	名词	出类拔萃的人。	elite	L7
竞技	jìngjì	动词	比赛技艺，多指体育比赛。	compete in athletics	L9
竞聘	jìngpìn	动词	通过竞争争取得到岗位。	compete for a post	L9
竞赛	jìngsài	动词	互相比赛，争取优胜。	competition; contest	L8
敬礼	jìnglǐ	动词	（敬辞）书信结尾的礼貌用语。	used at the end of a letter	L7
具备	jùbèi	动词	具有；齐备。	possess	L8
据	jù	介词	按照；依据。	according to; on the grounds of	L1
捐助	juānzhù	动词	拿出钱物来帮助。	donate	L15
决心	juéxīn	名词	坚定的、不动摇的意志。	determination	L10
决议	juéyì	名词	经会议讨论通过的决定。	resolution	L4

词语	拼音	词性	中文释义	英文释义	索引
K					
开幕	kāimù	动词	（会议、运动会、展览会等）开始。	(of a meeting, sport, exhibition, etc) begin	L2
开业	kāiyè	动词	商业、企业等开始进行业务活动。	start business	L3
慷慨	kāngkǎi	形容词	大方；不吝惜。	generous	L15
考核	kǎohé	动词	考查审核。	check; examine	L20
可喜	kěxǐ	形容词	令人高兴。	gratifying	L13
克服	kèfú	动词	用坚强的意志和力量战胜。	put up with	L17
宽宏大量	kuānhóng-dàliàng	成语	待人宽厚，度量大。	magnanimous	L9
款待	kuǎndài	动词	亲切优厚地招待。	treat cordially	L15
匮乏	kuìfá	形容词	（书面语）缺乏；贫乏（多指物资方面）。	deficient	L7
L					
来日	láirì	名词	未来的日子。	days to come	L13
蓝图	lántú	名词	比喻规划或计划。	blueprint	L17
离职	lízhí	动词	离开工作职位，不再担任职务。	leave office	L10
利率	lìlǜ	名词	利息和本金的比率。	interest rate	L1
利息	lìxī	名词	因存款、放款而得到的本金以外的钱（区别于"本金"）。	interest	L1
莅临	lìlín	动词	（书面语）来到；来临（多用于贵宾）。	attend (esp. of notable person)	L12
联盟	liánméng	名词	政党、团体、个人为一定目的组成的联合体。	alliance	L16
良性	liángxìng	形容词	能产生好的结果的。	benign	L20
领取	lǐngqǔ	动词	取（多指经过一定手续）。	collect	L1
领域	lǐngyù	名词	社会活动或学术思想的范围。	field	L14
流水线	liúshuǐxiàn	名词	以一个环节紧扣一个环节的方式来生产和组装的程序。	assembly line	L12
留言	liúyán	动词	用书面形式等留下要说的话。	leave a message	L1

词语	拼音	词性	中文释义	英文释义	索引
卤菜	lǔcài	名词	用盐水或酱油调和香料煮制的菜肴。	pot-stewed dish	L3
录用	lùyòng	动词	收录（人员）；任用。	hire; employ	L2
M					
盲从	mángcóng	动词	没有原则、没有主见地盲目跟从。	follow blindly	L9
盲动	mángdòng	动词	没有明确的目标就盲目采取行动。	act blindly	L9
冒用	màoyòng	动词	假冒别人的名义使用。	fraudulent use of	L4
蒙	méng	动词	（客套话）受到。	be indebted (to sb. for a kindness); be granted a favour	L20
梦寐以求	mèngmèiyǐqiú	成语	睡梦中都在不停地寻求，形容迫切地希望。	crave sth. so much that one even dreams about it	L9
绵力	miánlì	名词	（谦辞）微薄的力量。	humble effort	L9
免检	miǎnjiǎn	动词	允许不经过检查就可以通过。	be exempt from inspection	L3
名列前茅	mínglièqiánmáo	成语	比喻名次排在前头。	come out on top	L8
名义	míngyì	名词	做某事时用来作为依据的名称或称号。	name	L4
目睹	mùdǔ	动词	亲眼看到。	witness; see with one's own eyes	L20
慕名	mùmíng	动词	仰慕别人的名气。	admire a famous person	L8
N					
乃至	nǎizhì	连词	甚至。	even	L8
难以	nányǐ	动词	难于。	be difficult to (do)	L10
年富力强	niánfù-lìqiáng	成语	年纪轻，精力旺盛。	in the prime of life and full of vitality	L10
浓厚	nónghòu	形容词	（兴趣）大。	strong	L14

词语	拼音	词性	中文释义	英文释义	索引
P					
排忧解难	páiyōu-jiěnàn	成语	排除忧虑，解决困难。	get rid of worries and help to overcome difficulties	L9
庞大	pángdà	形容词	表示形体、组织、数量等大大超过惯常的范围或标准。	enormous; gigantic; huge	L15
陪伴	péibàn	动词	随同做伴。	accompany	L12
培训	péixùn	动词	培养和训练。	train; cultivate	L20
赔偿	péicháng	动词	因自己的行为使他人或集体受到损失而给予补偿。	compensate	L1
配备	pèibèi	动词	根据需要分配（人力或物力）。	provide (manpower or equipment)	L20
配合	pèihé	动词	为一共同任务分工合作，协调一致地行动。	coordinate	L13
批准	pīzhǔn	动词	对下级的意见、建议或请求表示准许。	approve	L10
聘请	pìnqǐng	动词	请人承担工作或担任职务。	engage	L11
平凡	píngfán	形容词	平常；不稀奇。	ordinary; common	L12
平台	píngtái	名词	泛指进行某项工作所需要的环境或条件。	platform	L10
破例	pòlì	动词	打破以前的惯例。	make an exception	L7
谱写	pǔxiě	动词	写作（乐曲等）。	compose	L17
Q					
期待	qīdài	动词	期望；等待。	expect	L2
启事	qǐshì	名词	为了说明某事而登载在媒体上或张贴在墙壁上的文字。	notice; announcement	L3
气质	qìzhì	名词	风格；气度。	temperament	L3
契机	qìjī	名词	机会，事物转折变化的关键。	turning point; juncture	L15
恰好	qiàhǎo	副词	正好；刚好。	exactly; just right	L8
洽谈	qiàtán	动词	接洽商谈。	negotiate	L3
前景	qiánjǐng	名词	将要出现的景象。	prospect	L15

词语	拼音	词性	中文释义	英文释义	索引
歉意	qiànyì	名词	抱歉的心意。	apology; regret	L19
强烈	qiángliè	形容词	极强的，力量很大的。	strong; intense	L7
切实	qièshí	形容词	切合实际，实实在在。	practical; realistic	L18
侵权	qīnquán	动词	侵犯损害他人的合法权利。	infringe on one's rights	L4
青睐	qīnglài	动词	用正眼相看，指喜爱或重视。	show appreciation	L3
情谊	qíngyì	名词	相互友爱、关切的感情。	friendly feelings	L13
请教	qǐngjiào	动词	请求指教。	ask for advice; consult	L7
庆典	qìngdiǎn	名词	隆重的庆祝典礼。	celebration	L18
趋势	qūshì	名词	事物发展的动向。	trend	L12
渠道	qúdào	名词	门路；途径。	avenue; means; channel	L4
取长补短	qǔcháng-bǔduǎn	成语	吸取长处来弥补短处。	draw on others' strong points to overcome one's own weakness	L17
全额	quán'é	形容词	全部数额的。	full; total	L11
权益	quányì	名词	应该享受的不容侵犯的权利。	rights and interests	L4
R					
热忱	rèchén	名词	热情。	enthusiasm	L3
任何	rènhé	代词	不论什么。	any	L11
日新月异	rìxīn-yuèyì	成语	每天每月都有新的变化，形容进步、发展很快。	change for the better day by day	L14
荣幸	róngxìng	形容词	光荣而幸运。	honoured	L7
荣誉	róngyù	名词	光荣的名声。	honour	L7
如雷贯耳	rúléiguàn'ěr	成语	像雷声传入耳朵，形容名声很大。	like a thunderclap piercing the ear—(of sb's name) resound in one's ears	L15
S					
商标	shāngbiāo	名词	企业用以区别于其他企业产品或服务的标志。	trademark; brand name	L3
上乘	shàngchéng	形容词	质量好或水平高。	first-class	L15
上进	shàngjìn	动词	向上；进步。	make progress	L7

词语	拼音	词性	中文释义	英文释义	索引
稍候	shāohòu	动词	稍微等候。	wait a moment	L1
涉外	shèwài	形容词	涉及与外国有关的。	concerning foreign affairs	L8
深厚	shēnhòu	形容词	（感情）浓厚。	deep	L13
深化	shēnhuà	动词	使向更深的阶段发展。	deepen	L17
深造	shēnzào	动词	泛指为了提高水平而进一步学习和研究。	pursue advanced studies	L7
审查	shěnchá	动词	检查核对是否正确、妥当。	censor; examine	L8
慎重	shènzhòng	形容词	谨慎认真。	cautious; prudent	L2
声明	shēngmíng	名词	声名的文告。	declaration	L4
声誉	shēngyù	名词	声望名誉。	reputation	L4
胜任	shèngrèn	动词	水平与能力足以担任。	be competent at/in sth	L7
盛情	shèngqíng	名词	深厚的情谊。	boundless hospitality	L15
实惠	shíhuì	形容词	有实际的好处。	substantial; practical	L3
实施	shíshī	动词	实行（法令、政策等）。	implement	L6
事务	shìwù	名词	要做的事情。	affairs; general affairs	L19
事项	shìxiàng	名词	事情的项目。	item	L2
事宜	shìyí	名词	关于事情的安排和处理。	matters concerned	L3
试用	shìyòng	动词	在正式使用前，先试一段时间，看是否合适。	try out	L2
收悉	shōuxī	动词	收到（信件等）并知道其中的内容。	be received and read	L5
守则	shǒuzé	名词	共同遵守的规则。	regulations	L2
受骗	shòupiàn	动词	被骗。	be cheated/deceived	L4
授权	shòuquán	动词	把权力委托给他人或机构代为执行。	authorize	L4
属实	shǔshí	动词	符合实际；是实情。	be true; be verified	L5
树立	shùlì	动词	建立（多用于抽象的好的事情）。	set up	L7
恕	shù	动词	（客套话）请对方不要计较。	forgive; pardon	L19
双赢	shuāngyíng	动词	合作双方都得到好处。	double win	L19
顺应	shùnyìng	动词	顺从；适应。	comply with	L12

词语	拼音	词性	中文释义	英文释义	索引
思维	sīwéi	名词	在表象、概念的基础上进行分析、综合、判断、推理等认识活动的过程。	thought; thinking	L8
素质	sùzhì	名词	人的体质、品质、情感、知识和能力等。	quality	L7
损失	sǔnshī	名词	消耗或失去的东西。	loss	L5
T					
踏实	tāshi	形容词	（工作或学习的态度）切合实际，不浮躁。	steady	L7
坦然	tǎnrán	形容词	心里平静，没有顾虑。	calm; unperturbed	L9
淘汰	táotài	动词	在选择中去除（不好的、弱的或不合适的）。	eliminate sb from a competition; die out	L20
腾飞	téngfēi	动词	迅速崛起和发展，比喻飞跃进步。	develop rapidly	L17
提供	tígōng	动词	供给；给予。	supply	L14
提升	tíshēng	动词	提高（职衔、职称、级别、能力等）。	promote	L7
挑战	tiǎozhàn	名词	需要应付、处理的局面或难题。	challenge	L8
贴心	tiēxīn	形容词	心挨着心，形容最亲近、最知己。	intimate	L9
通力	tōnglì	副词	一起出力。	with united strength	L13
团队	tuánduì	名词	具有某种性质的团体；集体。	team	L8
推动	tuīdòng	动词	使事物前进；使工作展开。	push forward	L14
W					
外资	wàizī	名词	由外国投入的资本。	foreign investment	L8
完善	wánshàn	形容词	完备而且良好。	perfect	L9
挽回	wǎnhuí	动词	收回。	retrieve; redeem	L4
维护	wéihù	动词	维持保护，使免于遭受破坏。	maintain; safeguard	L4
维权	wéiquán	动词	维护合法权益。	safeguard legal rights	L4
围绕	wéirào	动词	以某个问题或事情为中心。	center on	L16
维修	wéixiū	动词	保护和修理。	keep in good repair; maintain	L11

词语	拼音	词性	中文释义	英文释义	索引
为止	wéizhǐ	动词	终止；截止（多用于时间、进度等）。	be up to	L7
伪造	wěizào	动词	假造	forge	L4
委托	wěituō	动词	请人或机构等代办。	entrust	L4
未尽	wèijìn	形容词	未完的。	unfinished	L12
温馨	wēnxīn	形容词	温和芳香；温暖。	mild and fragrant	L9
闻名	wénmíng	动词	有名气。	be well-known	L15
闻名遐迩	wénmíngxiá'ěr	成语	形容名声很大，远近都知道。	be well-known far and wide	L8
稳定	wěndìng	形容词	稳固安定；没有变动。	stable	L17
稳重	wěnzhòng	形容词	（言语、举动）沉着而有分寸。	steady	L8
无比	wúbǐ	副词	没有别的能够相比。	incomparably	L7
务	wù	副词	一定要；必须。	must	L4
务必	wùbì	副词	必须；一定要。	be sure to; must	L2
务实	wùshí	形容词	讲究实际，不求浮华。	pragmatic; down-to-earth; practical	L9

X

词语	拼音	词性	中文释义	英文释义	索引
携带	xiédài	动词	随身带着。	carry	L2
系	xì	动词	（书面语）同判断词"是"。	(formal) be	L6
系列	xìliè	名词	相关联的成组成套的事物。	series	L3
系统	xìtǒng	形容词	连贯的、有条理的。	systematic	L8
闲暇	xiánxiá	名词	空余时间。	leisure	L7
相聚	xiāngjù	动词	会集；聚会。	gather	L13
详细	xiángxì	形容词	周全细致。	detailed	L15
享受	xiǎngshòu	动词	物质上或精神上得到满足。	enjoy	L11
效劳	xiàoláo	动词	出力服务。	render service to	L8
效力	xiàolì	动词	效劳。	render service to	L8
协办	xiébàn	动词	协助办理。	make a concerted effort	L16
协调	xiétiáo	动词	使调配得当。	coordinate	L9

词语	拼音	词性	中文释义	英文释义	索引
协同	xiétóng	动词	各方互相配合或甲方协助乙方做某事。	coordinate	L8
协助	xiézhù	动词	帮助；辅助。	assist	L6
协作	xiézuò	动词	一些人或单位相互配合来完成任务。	cooperate; coordinate	L20
辛勤	xīnqín	形容词	辛苦勤劳。	industrious	L17
欣慰	xīnwèi	形容词	喜欢而心安。	gratified	L7
新兴	xīnxīng	形容词	最近兴起的。	newly emerging	L15
信笺	xìnjiān	名词	信纸。	letter paper	L4
信任	xìnrèn	动词	相信而敢于托付。	trust	L13
信誉	xìnyù	名词	信用和声誉。	prestige; reputation	L3
兴隆	xīnglóng	形容词	兴旺昌盛。	prosperous	L14
雄厚	xiónghòu	形容词	指人力、物力等非常充足。	rich; solid; abundant	L15
修养	xiūyǎng	名词	理论、知识、艺术、思想等方面所达到的水平。	accomplishment	L8
虚心	xūxīn	形容词	谦虚不自满，肯向别人求教或接受别人的意见。	modest	L7
宣布	xuānbù	动词	正式告诉（大家）。	declare; announce	L16
学识	xuéshí	名词	学术上的修养和知识。	scholarly attainments	L10
迅猛	xùnměng	形容词	迅速猛烈。	swift and violent	L15
Y					
延伸	yánshēn	动词	延展伸长。	extend	L16
严于律己	yányúlùjǐ	成语	严格地约束自己。	be strict with oneself	L7
严正	yánzhèng	形容词	严肃正当，严肃公正。	solemn and just	L4
业绩	yèjì	名词	建立的功劳或完成的事业；成就。	outstanding achievement	L6
业务	yèwù	名词	个人或机构的专业工作。	vocational work	L7
一次性	yícìxìng	形容词	只有一次，不重复的。	disposable	L1
一律	yílù	副词	适用于全体，无例外。	all; without exception	L4
一如既往	yìrú-jìwǎng	成语	与从前完全一样。	as always	L14

词语	拼音	词性	中文释义	英文释义	索引
一枝独秀	yìzhī-dúxiù	成语	其他花没有开放，只有这一枝在开着。形容在同类事物中最为突出，最为优秀。	only one branch of the tree is thriving—outshine others	L15
依法	yīfǎ	副词	根据法律。	in accordance with the law	L4
依依不舍	yīyī-bùshě	成语	非常留恋，舍不得离开。	be reluctant to part	L13
遗失	yíshī	动词	由于疏忽而失掉（东西）。	lose	L4
疑虑	yílǜ	名词	因怀疑而产生的顾虑。	doubts; misgivings	L2
以便	yǐbiàn	连词	用在后一句的开头，表示使下文所说的目的容易实现。	so as to	L2
以身作则	yǐshēn-zuòzé	成语	用自己的行动做出榜样。	set an example with one's own conduct	L5
议程	yìchéng	名词	会议上议题或议案讨论的程序。	agenda	L2
亦	yì	副词	也（表示同样）；也是。	also	L2
引起	yǐnqǐ	动词	一种事情、现象、活动使另一种事情、现象、活动出现。	give rise to; lead to	L14
营业	yíngyè	动词	（商业、服务业等）经营业务。	do business	L3
赢得	yíngdé	动词	博得；取得。	win; gain	L3
应聘	yìngpìn	动词	接受招聘。	apply for an advertised post	L2
拥有	yōngyǒu	动词	领有；具有。	possess; have; own	L15
优惠	yōuhuì	形容词	较一般优厚实惠。	favourable	L3
优先	yōuxiān	动词	在待遇上占先。	have priority; take precedence	L3
优异	yōuyì	形容词	优秀，出色。	excellent	L7
友善	yǒushàn	形容词	朋友之间亲近和睦。	friendly	L8
有的放矢	yǒudì-fàngshǐ	成语	比喻说话或做事目标明确。	shoot the arrow at the target; have an object in view	L9
有限	yǒuxiàn	形容词	表示数量不多、程度不高。	limited	L10
有效期	yǒuxiàoqī	名词	（条约、合同、证件等）有效的期限。	term of validity	L5

词语	拼音	词性	中文释义	英文释义	索引
有序	yǒuxù	形容词	按照先后次序的。	ordered	L20
有意	yǒuyì	动词	有做某事的愿望。	have a mind to	L2
予以	yǔyǐ	动词	（书面语）给以。	give; grant	L6
与时俱进	yǔshí-jùjìn	成语	永远保持进取精神，跟上时代的步伐。	keep on developing and advancing with the passing of time	L17
预订	yùdìng	动词	预先订购。	book; order; reserve	L2
圆满	yuánmǎn	形容词	十分完满，没有欠缺。	satisfactory	L13
源泉	yuánquán	名词	比喻力量、知识等的来源。	source	L18
源源不断	yuányuán búduàn	成语	接连不断。	continuously; in a steady stream	L17
约	yuē	副词	大概；差不多。	about	L1
允许	yǔnxǔ	动词	答应；同意。	permit	L13
Z					
遭受	zāoshòu	动词	受到（不幸或损害）。	suffer; be subjected to	L19
扎实	zhāshi	形容词	（学问、工作、作风等）踏实；实在。	solid	L7
债权	zhàiquán	名词	依法要求债务人偿还钱财和履行一定行为的权利。	creditor's rights	L4
债务	zhàiwù	名词	所欠的债。	debt	L4
战胜	zhànshèng	动词	克服困难，取得成功。	triumph over; overcome	L17
账目	zhàngmù	名词	账上记载的项目。	accounts	L1
招待	zhāodài	动词	对宾客给予礼遇和款待。	receive; entertain	L14
招聘	zhāopìn	动词	用公告的方式聘请。	invite applications for a job	L3
招收	zhāoshōu	动词	通过考试或其他方式接收（新成员）。	recruit	L7
珍惜	zhēnxī	动词	珍重爱惜。	treasure	L10
真诚	zhēnchéng	形容词	真实诚恳（跟"虚假""虚伪"相对）。	sincere	L10

词语	拼音	词性	中文释义	英文释义	索引
征文	zhēngwén	动词	围绕某个主题或题目公开征集稿件。	solicit articles; on a given subject	L8
蒸蒸日上	zhēngzhēng-rìshàng	成语	比喻事情蓬勃发展，日日都有进步。	become more prosper every day	L10
正式	zhèngshì	形容词	符合公认标准的或一定手续的。	formal	L3
郑重	zhèngzhòng	形容词	严肃认真。	serious; solemn	L4
支持	zhīchí	动词	给以鼓励或赞助。	support	L13
支付	zhīfù	动词	付出（款项）。	pay	L2
知人善任	zhīrén-shànrèn	成语	了解人（多指下属）的长处，并善于根据其长处予以任用。	place people where they can put their abilities into full play	L8
执	zhí	动词	拿着。	hold	L11
直属	zhíshǔ	形容词	直接统属的。	be directly affiliated to	L3
职责	zhízé	名词	职务和责任。	duty; responsibility	L9
指导	zhǐdǎo	动词	指点引导。	guide	L12
致使	zhìshǐ	动词	以致，使得（产生不好的结果）。	cause; result in; bring about	L19
指示	zhǐshì	动词	对下级或晚辈就如何处理问题指明原则和方法。	instruct	L9
制定	zhìdìng	动词	规定出（法律、章程、条例等）。	formulate; work out	L6
智慧	zhìhuì	名词	辨析判断、发明创造的能力。	wisdom	L16
中断	zhōngduàn	动词	中途停止或断绝。	suspend	L11
衷心	zhōngxīn	形容词	发自内心的。	heartfelt	L9
重视	zhòngshì	动词	看重。	attach importance to	L16
重托	zhòngtuō	名词	重大的委托。	great trust	L7
周转	zhōuzhuǎn	动词	企业的资金从投入生产到销售产品而收回货币再投入生产，这个过程一次又一次地重复进行，叫做周转；钱财进出或物品轮流使用。	turn over; have enough to meet the end	L1

词语	拼音	词性	中文释义	英文释义	索引
主办	zhǔbàn	动词	主持办理。	host	L16
主动	zhǔdòng	形容词	不受外力推动而行动的；自觉的（跟"被动"相对）。	acting on one's own initiative	L9
主人翁	zhǔrénwēng	名词	当家做主的人。	master	L20
主题	zhǔtí	名词	谈话、文件、会议等的主要内容。	topic; theme	L2
注销	zhùxiāo	动词	取消登记过的事项。	cancel; write off	L4
注重	zhùzhòng	动词	重视。	pay attention to	L16
专职	zhuānzhí	名词	由专人担任的职务。	full time	L8
转眼	zhuǎnyǎn	动词	一眨眼（形容时间之短）。	in an instant	L10
撰写	zhuànxiě	动词	写作。	write	L8
状况	zhuàngkuàng	名词	情形。	status; condition	L10
追究	zhuījiū	动词	追查（原因、责任）等。	look into; find out	L4
卓越	zhuóyuè	形容词	非常优秀，超出一般。	outstanding	L3
酌情	zhuóqíng	动词	斟酌情况。	take the circumstances into consideration	L11
资金	zījīn	名词	指经营工商业的本钱；也指国家用于发展国民经济的物资或货币。	capital; fund; financing	L1
自豪	zìháo	形容词	感到骄傲和光荣。	be proud of	L17
自理	zìlǐ	动词	自己承担。	provide for oneself	L2
自行	zìxíng	副词	自己（做）。	by oneself	L2
宗旨	zōngzhǐ	名词	主要的目的和意图。	purpose	L14
总之	zǒngzhī	连词	承接上文，表示下文是总结性的话。	in short	L10
足以	zúyǐ	动词	足够；完全可以（表示程度够得上）。	be enough	L10
作废	zuòfèi	动词	因失效而废弃。	become invalid	L4

附录2　参考文献

[1] 白战锋，《企业文书写作范本·格式＋技巧＋范例》，经济管理出版社，2005年。

[2] 陈晓霞、张静，《现代商务文秘写作》，青岛出版社，2002年。

[3] 霍唤民、郗仲平、夏京春，《财经实用写作》，首都经济贸易大学出版社，2000年。

[4] 姬瑞环、卢颖、崔德立，《商务文书写作与处理》，中国人民大学出版社，2004年。

[5] 柯琳娟，《企业（公司）常用文书写作格式与范本》，企业管理出版社，2006年。

[6] 梅雨霖、梅薇薇，《商务文书·规范写作大全》，广西人民出版社，2008年。

[7] 苗瑞，《企业应用文书写作·规范与实例》，中国电力出版社，2006年。

[8] 王磊、刘明达，《商务文书格式与范例大全》，广东经济出版社，2002年。

[9] 文天谷，《财经应用文写作教程》，立信会计出版社，2002年。

[10] 吴绪久，《实用写作》，科学出版社，2005年。

[11] 许燕，《新编办公室文秘写作一本通》，经济科学出版社，2006年。

[12] 于凡，《办公好帮手　常用文体规范写作总汇》，企业管理出版社，2004年。

[13] 张保忠、岳海翔，《最新企业常用文书写作技法与范文赏析》，中国言实出版社，2004年。

[14] 张浩，《新编商务信函写作模式》，蓝天出版社，2004年。

[15] 张小乐，《实用商务文书写作》，首都经济贸易大学出版社，2008年。